股市神級作手教你

最保本的 K線炒股

跟他學，短短5年賺一億！

U0072564

用 110 張圖看懂不敗的實戰技巧！

入門
全圖解

馬濤◎著

▥ CONTENTS

前言　教你用110張圖，看懂不敗的實戰技巧！　007

第1章　**想成功炒股，你得懂這些基本知識**

1-1　股票是什麼？是怎麼進行買賣的？　010

1-2　重要的股票指數　017

1-3　股票的類型有這些　021

1-4　投資人得懂的股市術語　025

1-5　與投資人有關的股市名詞　030

第2章　**從基本面3種分析法，看懂股價趨勢**

2-1　為什麼要用基本面分析股票？　036

2-2　方法1：用大環境的經濟面分析　038

2-3　方法2：用行業類別&發展狀況分析　048

2-4　方法3：善用上市公司資訊　052

第3章 善用各種技術分析，抓到股價高低點

3-1　技術分析有哪些層面？ 056

3-2　K 線最能反映市場行為 058

3-3　「趨勢分析法」簡單好上手 064

3-4　「形態分析」就是順勢操作 068

3-5　結合技術分析指標，預測高低點更精確 074

第4章 精通盤面走勢，就能抓住股價上上下下的規律！

4-1　新手看盤基本知識：大盤、內盤和外盤 082

4-2　看盤技巧1：盤面內容分析 086

4-3　看盤技巧2：重要時間點分析 090

4-4　看盤技巧3：盤面特殊動向分析 094

4-5　看盤技巧4：各種分時盤面分析 098

CONTENTS

第5章　會買比會賣重要：教你在低價買入「抄底」！

5-1 底部有 3 種，短期底部最常見 104

5-2 用 K 線形態和均線學抄底 110

5-3 分析量價關係學抄底 114

5-4 看出個股假突破來抄底 116

5-5 用價值投資學抄底 118

5-6 活用江恩理論抄底 120

第6章　學會判斷頂部走勢，輕鬆賺飽價差！

6-1 頂部形成的重要特徵 124

6-2 工具 1：利用均線「識頂和逃頂」 128

6-3 工具 2：利用成交量「識頂和逃頂」 133

6-4 工具 3：利用 MACD 指標「識頂和逃頂」 138

6-5 工具 4：利用 BOLL 指標「識頂和逃頂」 141

6-6 工具 5：利用 X 線「識頂和逃頂」 144

第7章　跟著主力走，低買高賣一檔獲利 120%！

7-1　主力操盤有什麼特徵？　148

7-2　關鍵 1：看懂主力建倉的方式　156

7-3　關鍵 2：抓到主力整理盤面的方式　161

7-4　關鍵 3：抓緊主力拉升的方式　164

7-5　關鍵 4：跟隨主力出貨的方式　167

第8章　用 5 張圖，看懂新興投資工具

8-1　股指期貨和商品期貨大不同　172

8-2　創新板新手必備知識　181

第9章　要注意！投資股票常見的風險和陷阱

9-1　首先，你得懂得股市風險 4 大類　186

9-2　教你用 4 張圖解，看穿財報、作手、法人……各種陷阱　191

教你用 110 張圖，
看懂不敗的實戰技巧！

❖ 寫作動機

對於準備投入股市的投資人而言，學會正確的炒股技巧，可以提高預測股價趨勢的準確性，這會直接影響到投資的成敗。

為此，筆者不斷總結和實踐編寫出本書。從實用性的角度出發，將看盤的必備知識，與需要掌握的炒股實戰技巧結合，使投資人學習到方法後，能夠真正將其運用到實際的投資中，在股市中確實獲利。

❖ 本書特色

【知識精簡，結構清晰】

本書精挑選了股票投資中，最實用的方法和技術作講解。首先為入門知識，接著是六大分析技巧，包括：技術分析、盤面分析、抄底與逃頂技巧等等。最後更上一層樓，說明股指期貨和創新板。在說明過程中，盡量以簡單、便於了解的方式描述，並搭配圖示講解，務求使知識結構更清晰易懂。

【案例實用，全書圖解】

圖片比起文字，視覺效果更真實、醒目，可使讀者更清晰地了解分析過程，也更方便閱讀和進行圖文對照。

❖ 本書使用技巧

股票投資的技巧和方法不計其數，本書羅列的技術和方法比較全面，投資人不需全部掌握，可僅挑選幾種技術，深入學習並綜合分析後

運用在實戰中，即可達到很好的投資效果。

　　讀者在閱讀中還應結合實際情況，靈活變通、舉一反三，培養勤思考的好習慣，練就良好的歸納總結能力。

❖ 目標讀者

（1）股市新手、希望進一步提升炒股技巧的投資人。

（2）希望經由牛熊市操盤技巧，提高穩步獲利能力的投資者。

（3）作為學校或企業的炒股教材。

（4）證券公司或基金公司等機構，作為培訓、指導和與客戶溝通
　　　時的範本。

第 **1** 章

想成功炒股，
你得懂這些基本知識

1-1

股票是什麼？
是怎麼進行買賣的？

　　如果要問最大的投資市場是什麼？大部分人一定會回答股市。沒錯！炒股可謂目前最熱門的投資方式。但在學習投資股票之前，投資人必須全面而詳細地了解股票的相關知識，才能穩健入市，跨出財富增值的第一步。

什麼是股票？

　　我們用以下這個例子說明：1986 年 11 月，美國紐約證券交易所董事長約翰・范爾林先生訪問中國，他贈送給鄧小平一枚紐交所徽章，憑它可以在紐交所自由進出。鄧小平回贈了一張 50 元面值的「小飛樂」股票，如圖 1-1。據悉，范爾林的這一股，經過多年後，一股變成了3183 股，市場價值由 50 元變成最高時的 10.76 萬元，回報率高達 2152倍！（本書所有金額皆指人民幣）

　　那麼，股票為何擁有如此高的回報率，它究竟是什麼東西呢？股票是一種有價證券。我們一般所說的股票指的是普通股，它是在公司的經營管理和盈利上，以及財產的分配上享有普通權利的股份。從概念上講，股票是股份有限公司在籌集資本時，向出資人發行的股份憑證，代表著其持有者（即股東）對股份公司的所有權。

　　例如，假設一家股份公司有 100 個股東，每個人出資 10 萬元，則每人擁有該公司 1% 的所有權（股權）。股份有限公司經主管機關核准

圖 1-1　回報率高達 2 千多倍的股票

後，印製股票，交於投資者持有，作為代表所有權的憑證，這就是股票的原始意義。

　　股票一般可以經由買賣方式有償轉讓，股東能經由股票轉讓收回其投資，但不能要求公司返還其出資。股東可以在股票市場上買賣這些股票，就形成了股票在不同投資者手中的流通，以及所有人和持有份額的變更。

　　股票像一般的商品一樣，有價格、能買賣，可以作為質押品。擁有這些股票的人，都可以成為公司的股東。股東與公司之間的關係不是債權債務關係，股東是公司的所有者，以其出資額為限，對公司負有限責任、承擔風險、分享收益。

　　因此，**股票是股份公司發給投資人，用以證明其在公司的股東權利和投資入股的份額，並據以獲得股利收入的有價證券。**

股票的類型有 2 種

　　股票是由股份公司發行給股東，作為股東投資入股的所有權證書。在股票市場中，依照不同的分類方法，股票的分類也各不相同。如果依照紅利的分類方式來看，可分為如圖 1-2 所示的幾種類型。

圖 1-2 依照股利的分配分類

普通股是「優先股」的對稱,是隨企業利潤變動而變動的一種股份,是公司資本構成中最普遍、最基本的股份,也是股份企業資金的基礎部分

特別股是股份公司發行的,在分配股利和剩餘財產時,比普通股更具有優先權的股份。還分為參與優先和非參與優先、累積與非累積、可轉換與不可轉換、可回收與不可回收等幾大類。特別股通常預先確定股息收益率,其權利範圍小

股市中常用的術語

投資股票是一門高深的學問,要想充分認識它,就需要對它特有的術語非常熟悉。以下列出的股票術語及說明,都是基本且常用的,投資人務必要有一定程度的了解。

表 1-1 常用的股票術語

術語	含義
價位	指買賣價格的升降單位,價位高低隨股票每股市價的不同而異
成交價	成交價是股票的成交價格,它是依照以下原則確立的 (1)最高的買入申報與最低的賣出申報相同 (2)在連續競價狀態,高於賣出價位的買入申報以賣出價成交 (3)低於買入價的賣出申報以買入價位成交
行情	價位或股價的走勢
日開盤價	指當日開盤後,某檔股票的第一筆交易成交價格

術語	含義
日收盤價	指當日某檔股票的最後一筆成交價格；如果當日沒有成交，會採用最近一次的成交價格作為收盤價
日最高價	指當天某檔股票成交價格中的最高價格
日最低價	指當天某檔股票成交價格中的最低價格
漲跌	當日股票價格與前一日收盤價格（或前一日收盤指數）相比的百分比幅度，正值為漲，負值為跌，否則為持平
漲停板	交易所規定的股價在一天中相對前一日收盤價的最大漲幅，不能超過此限，否則自動停止交易。台灣證券交易所於104年6月1日起，將漲跌幅度，由7%放寬至10%
跌停板	交易所規定的股價在一天中相對前一日收盤價的最大跌幅為10%
高開	今日開盤價在昨日收盤價之上
低開	今日開盤價在昨日收盤價之下
買盤	以比市場價格高的價格進行委託買入，並已經「主動成交」，代表外盤
賣盤	以比市場價格低的價格進行委託賣出，並已經「主動成交」，代表內盤
日最高價	指當天某檔股票成交價格中的最高價格
日最低價	指當天某檔股票成交價格中的最低價格
崩盤	由於一些對股市不利的因素，導致投資人不計成本大量拋售股票，使股價無限制地下降的現象
護盤	當股市行情低落、股價下滑時，投資大戶採取大量購買股票的行為來刺激散戶，促使市場回暖的現象

術語	含義
洗盤	主力為控制股價，故意降低或拉升成本，使得散戶賣出股票，並且接手他們的股票的行為
震盤	指股價在一天之內忽高忽低，出現大幅波動的現象
掃盤	主力不計成本，將賣盤中的掛單全部「吃掉」的行為
紅盤	當前交易日的收盤價格高於上一交易日的收盤價，表示股價上漲的現象
成交數量	指當天成交的股票數量
成交筆數	指某檔股票成交的次數
日成交額	指當天已成交股票的金額總數
零股交易	不到一個成交單位（1000股）的股票，如1股、10股，稱為零股
委比	委比是衡量一段時間內場內買、賣盤強弱的技術指標。它的計算公式為：委比＝（委買張數－委賣張數）÷（委買張數＋委賣張數）×100%。若「委比」為正值，說明場內買盤較強；反之，則說明市道較弱
委差	當前交易主機已經接受，但還未成交的買入委託總張數與賣出委託總張數的差
換手率	換手率是指在一定時間內市場中，股票轉手買賣的頻率，是反映股票流通性的指標之一。它的計算公式為：換手率＝（某一段時間內的成交量÷流通股數）×100%
跳空	指受強烈利多或利空消息刺激，股價開始大幅度跳動。跳空通常在股價大變動的開始或結束前出現
漲幅	指現價與上一交易日收盤價的差，除以上一交易日的收盤價的百分比，值在±10%左右

股票的發行方式

　　股票在上市發行前，上市公司與股票的代理發行證券商簽訂代理發行合約，確定股票發行的方式，明確各方的責任。股票代理發行的方式依照發行承擔的風險不同，一般分為「包銷發行方式」和「代銷發行方式」兩種，如圖 1-3 所示。

　　經由股票上市的包銷發行方式，雖然上市公司能夠在短期內籌集到大量資金，以應付資金方面的急需。但一般包銷出去的證券，證券承銷商都只按股票的發行價或更低的價格收購，從而不免使上市公司喪失了部分應有的收益。

圖 1-3　股票的發行方式

包銷發行方式

是由代理股票發行的證券商，一次性將上市公司所新發行的全部或部分股票承購下來，並墊支相當股票發行價格的全部資本

股票發行方式

代銷發行方式

是由上市公司自己發行，中間只委託證券公司代為推銷，證券公司代銷證券只向上市公司收取一定的代理手續費

由於金融機構一般都有較雄厚的資金，可以預先墊支，以滿足上市公司急需大量資金的需求，所以上市公司一般都願意將其新發行的股票一次性轉讓給證券商包銷。如果上市公司股票發行的數量太大，一家證券公司包銷有困難，還可以由幾家證券公司聯合起來包銷

股票上市的條件

　　股票上市是指已經發行的股票，經證券交易所批准後，在交易所公開掛牌交易的法律行為。因此股票上市，是連接股票發行和股票交易的「橋樑」。台灣股票上市的主要條件，如圖 1-4 所示。

圖 1-4 台灣股票上市條件（一般事業）

設立年限	申請上市時已依公司法設立登記屆滿3年以上。但公營事業或公營事業轉為民營者，不在此限
公司規模	申請上市時之實收資本額達新台幣6億元以上，且募集發行普通股股數達3千萬股以上
市值及財務標準	其財務報告之稅前淨利符合下列標準之一，且最近一個會計年度決算無累積虧損者。 1. 稅前淨利佔年度決算之財務報告所列示股本比率，最近兩個會計年度均達百分之六以上 2. 稅前淨利佔年度決算之財務報告所列示股本比率，最近兩個會計年度平均達百分之六以上，且最近一個會計年度之獲利能力較前一會計年度為佳 3. 稅前淨利佔年度決算之財務報告所列示股本比率，最近五個會計年度均達百分之三以上
股權分散	記名股東人數在1千人以上，公司內部人及該等內部人持股逾百分之五十之法人以外之記名股東人數不少於5百人，且其所持股份合計佔發行股份總額百分之二十以上或滿1千萬股者

資料來源：台灣證券交易所

1-2

重要的股票指數

近年來，股市投資已成為人們投資理財的一個常用手段，而看懂最常見的股市指數，是在股市中賺錢的 門重要課程，本節將介紹新手炒股入門，所需要掌握的基礎知識。

什麼是股票指數？

股價指數是運用統計學中的指數方法編製而成的，是反映股市總體價格或某類股價變動和走勢的指標。

股價指數也稱「股票價格指數」，是動態地反映某個時期股市總價格的一種相對指標。具體來說，就是以某一個基期的總價格為 100，用各個時期的股票總價格相比得出的一個相對數，即各個時期的股票價格指數。股票價格指數一般用百分比表示，簡稱「點」。

從本質上看股票指數即股價平均數，但是在計算股票指數時，通常會把股票指數和股價平均數分開計算。因為股價平均數以算術平均數表示，反映的是多種股票價格變動的一般水準。股票指數則是一個相對指標，反映不同時期的股價變動情況，所以在一個較長的時期中，股票指數比股價平均數更能精確地反映股價的變動和走勢。股價指數的計算有算術平均法和加權平均法兩種，如圖 1-5 所示。

但投資人還要考慮一個經常發生的現象，就是上市公司經常會增股、拆股和配息，使股票價格產生除權、除息效應而失去連續性，不能

圖1-5 股價指數的計算方法

算術平均法	算數平均法，即將組成指數的每檔股票價格進行簡單平均，計算得出平均值。 例如，所計算的股票指數包括4檔股票，其價格分別為 10 元、15 元、20 元和30 元，那麼其股價算術平均值為： （10＋15＋20＋30）÷4＝18.75（元）
加權平均法	在計算股價平均值時，不僅要考慮到每檔股票的價格，還要根據每檔股票對市場影響的大小，對平均值進行調整。股票在股市的影響力，一般是以股票的發行總數或成交量作為標準，稱為「權數」。 例如，同樣是上面4檔股票，其相應的發行量分別為1億、2億、3億和1億，那麼價格加權平均值為：（10×1＋15×2＋20×3＋30×1）÷（1＋2＋3＋1）＝18.57（元）

進行直接比較。因此，在計算股價指數時也要考慮到這些因素的變化，及時對指數進行校正，以免股價指數失真。

台灣加權指數

　　台灣加權指數，通常被簡稱為「加權指數」，它就是投資人所指的「大盤」，在搜尋引擎上輸入「加權指數」，就能找到清楚詳細的資訊。它是由台灣證券交易所編制，是衡量台灣上市股票表現的指標，反映了台股的整體漲跌，也是台灣投資人最熟悉的指標股票指數。

　　台灣加權指數的權重，是以市值高低為標準，因此台積電、聯發科、鴻海等高市值股票，所佔的權重也就越高。上述這些大公司的股價表現，對加權指數走勢有較大的影響；反之，市值越低的股票，所佔的權重也就越低。

圖1-6　查看台灣加權指數

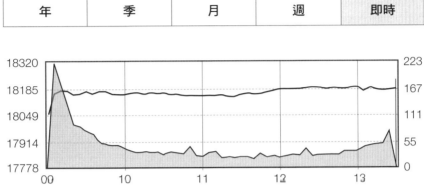

| 年 | 季 | 月 | 週 | 即時 |

2021/12/28　加權指數：18196.81　+147.87　+0.82%　成交金額：2592.87（億）
成交金額不含零股、鉅額、盤後定價、拍賣及標購

資料來源：台灣證券交易所

那斯達克指數

　　那斯達克綜合指數，簡稱「那斯達克指數」。它是反映那斯達克證券市場行情變化的股票價格平均指數，基本指數為 100，如圖 1-7 所示。那斯達克（National Association of Securities Dealers Automated Quotations，簡稱 NASDAQ）是美國全國證券交易商協會，於 1968 年著手創建的自動報價系統名稱的英文簡稱。那斯達克的特點是，收集和發佈場外交易非上市股票的證券商報價，現已成為全球最大的證券交易市場。

　　那斯達克綜合指數包括 5 千多家公司，超過其他任何單一證券市場，是代表各工業門類的市場價值變化的「晴雨表」。正因為它有如此廣泛的基礎，所以那斯達克指數，已成為今日最有影響力的證券市場指數之一。

圖 1-7　查看那斯達克綜合指數行情

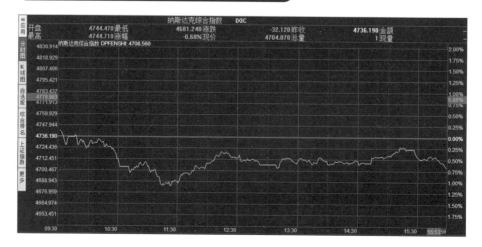

1-3

股票的類型有這些

隨著新股不斷發行上市，股票市場規模不斷壯大，股票數量也越來越多。因此，看懂股票的分類，有助於投資人對進出場時機的判斷。

什麼是大型股？

大型股（Large-Cap Share）沒有統一的標準，一般約定俗成指股本比較大的股票，以中國大陸的股市為例，大型股的總股本都在幾十億股以上。至於中國石化、中國石油、中國神華等，有十幾億甚至幾十億流通盤的股票，叫超級大型股，如圖 1-8 所示。

大型股的好處在於抗跌性強，主力操作的可能性小，可作為防守或長線價值投資的首選。

就本益比而言，相同業績的個股，小型股的本益比比中盤股高，中型股要比大型股高。特別在市場疲軟時，小型股機會較多。在牛市時，大型股和中型股較適合大資金進出，因此盤面大的個股比較看好。由於流通盤大，對指數影響大，往往成為市場調控指數的工具。投資人選擇個股時，一般熊市應選小型股和中小型股，牛市應選大型股和中大型股。

圖1-8 大型股

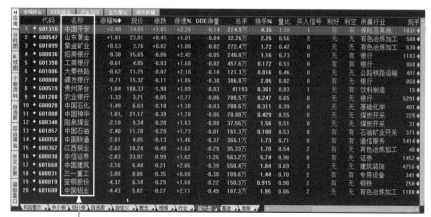

大型股多為國家經濟支柱企業，其業績相對穩定，雖然缺少炒作題材，
但在應對通膨方面卻有更大的優勢，這些公司完全有理由成為長線投資
人的核心資產，持有 5 年乃至 10 年，獲取長期而穩定的收益

專家心法

　　大型股的投資技巧如下。

1. **買入技巧**：不是所有的大型股都值得買入。其中，形態很重要，一定
要選擇股價處於底部，或者漲幅遠遠小於股價，同時已經完成了底部
進貨，即將進入上漲階段的股票。

2. **賣出技巧**：當其股價上漲到一定程度，而各路股評又紛紛推薦的時
候，這就到了賣出的時機。另外，在大型股的上漲過程中，很少出現
連續漲停的情況，往往是經過一段時間後累計漲幅，給投資人帶來豐
厚的收益。所以持有大型股也不能心急，穩健是大型股的最大優勢。

什麼是龍頭股？

　　龍頭股指的是某一時期在股票市場的炒作中，對同行業板塊的其他股票具有影響和號召力的股票，它的漲跌往往對其他同行業板塊股票的漲跌有引導和示範作用。龍頭股並不是一成不變的，它的地位往往只能維持一段時間。

　　要炒作龍頭股，首先必須發現龍頭股。股市行情啟動後，不論是一輪大牛市行情，還是一輪中級反彈行情，總會有幾支個股具有呼風喚雨的作用，引領大盤指數逐級走高。

　　龍頭股的走勢，往往具有「先於大盤止穩，先於大盤啟動，先於大盤放量」的特性。因此，無論是短線還是中長線投資，如果投資人能適時抓住龍頭股，都能獲得不錯的收益。

什麼是碳中和概念股？

　　碳中和概念股，就是指證券市場裡以節能環保為題材的上市公司，如圖 1-9 所示。新能源產業正孕育著新的經濟增長點，也是新一輪國際競爭的戰略制高點。

　　碳中和經濟概念主要包括以下兩大類別。

(1) **新能源板塊：**包括風電、核電、太陽能發電、生物質能發電、地熱能、氫能等。

(2) **節能減排板塊：**包括智慧電網、新能源汽車、建築節能、半導體照明節能、變頻器、餘熱鍋爐、餘壓利用、清潔煤發電和清潔煤利用板塊（包括 CDM 專案）等。

圖 1-9　碳中和概念股

	代碼	名稱	漲幅%▲	現價	漲跌	漲速%	DDE淨量	總手	換手%	量比	買入信號	利好	利空	所屬行業	現手
1	000925	众合机电	+10.00	23.54	+2.14	+0.00	0.48	86874	2.88	3.36	5	有	无	环保工程	2
2	002651	利君股份	+6.83	25.00	+1.65	-0.77	0.44	25877	1.09	1.55	6	无	无	专用设备	4
3	300090	盛运股份	+3.59	14.72	+0.51	+0.62	0.57	10.27万	2.73	1.26	0	无	无	环保工程	186
4	300249	依米康	+3.25	12.08	+0.37	+0.35	0.61	33083	3.42	1.25	0	无	无	白色家电	3
5	600690	青岛海尔	+3.21	20.23	+0.63	-0.20	-0.01	47.69万	1.74	0.96	2	无	无	白色家电	175
6	002488	金固股份	+2.70	26.62	+0.72	-0.11	-0.06	39614	3.05	0.71	3	无	无	汽车零部件	3
7	300224	正海磁材	+2.71	25.40	+0.67	-0.10	-0.10	61673	2.57	0.99	1	无	无		10
8	000651	格力电器	+2.49	42.01	+1.01	+0.20	0.03	40.59万	1.36	0.71	1	无	无	白色家电	4
9	600060	海信电器	+2.36	12.12	+0.28	+0.25	0.03	37.88万	2.90	0.84	3	无	无	视听器材	11
10	300225	金力泰	+2.12	10.62	+0.22	+0.76	0.25	48958	2.73	1.13	2	无	无	化学制品	6
11	300581	威孚高科	+1.47	31.10	+0.40	+0.06	-0.20	16.89万	2.49	0.76	0	无	无	汽车零部件	27
12	600165	新日恒力	+1.30	9.58	+0.13	+0.00	-0.15	35292	1.02	2.08	6	无	无	通用设备	12
13	300203	聚光科技	+1.18	19.77	+0.23	+0.09	0.09	20228	0.634	0.45	1	无	无	仪器仪表	30
14	601199	江南水务	+0.80	19.00	+0.15	+0.00	-0.05	22752	0.973	0.91	0	无	有	燃气水务	2
15	300072	三聚环保	+0.62	24.35	+0.15	-0.04	0.01	35933	0.784	0.57	2	无	无	化学制品	82
16	002473	圣莱达	+0.46	28.13	+0.13	-0.07	0.09	7845	0.49	1.10	0	无	无	白色家电	1
17	000551	创元科技	+0.41	9.74	+0.04	+0.31	0.21	46332	1.16	0.55	0	无	无	综合	1
18	600283	钱江水利	+0.39	12.72	+0.05	-0.31	-0.04	44726	1.57	0.49	0	无	无	燃气水务	16
19	000970	中科三环	+0.33	15.04	+0.04	-0.06	-0.01	13.16万	1.11	1.24	0	无	无		5
20	300135	宝利沥青	+0.25	8.05	+0.02	-0.37	0.27	15.06万	4.13	1.32	0	无	无	基础化学	450
21	300334	津滨科技	+0.00	20.90	+0.05	+0.00	-0.11	30320	2.86	0.72	0	无	无	环保工程	150

目前，以低能耗、低汙染為基礎的「低碳經濟」成為全球熱點。發展「低碳經濟」是一場涉及生產模式、生活方式、價值觀念和國家權益的全球性革命

1-4

投資人得懂的股市術語

　　所謂股票術語，就是在股市用來表達各種量能關係的特殊語言，股票術語廣泛流通於股票交易和市場分析中。在表 1-1 中，已經介紹過基本股票術語，本節將重點放在針對特定股票的術語，幫助投資人抓住炒股關鍵字。

本益比

　　本益比（Earnings Multiple，即 P/E ratio）又稱股份收益比率或本益比，是股票市價與其每股收益的比值，計算公式為：本益比＝（當前每股市價）÷（每股稅後利潤）。目前，較大的證券公司，其網頁在每日股市行情報表中，都附有本益比指標，如圖 1-10 所示。

　　如果說購買股票純粹是為了獲取紅利，而公司的業績一直保持不變，則股利的收入與利息收入具有同樣意義。對於投資人來說，把錢存入銀行，還是購買股票，取決於誰的投資收益率高。

　　因此，當股票本益比低於銀行利率折算出的標準本益比，資金就會用於購買股票；反之，則資金流向銀行存款，這就是最簡單、最直接的本益比定價分析。

圖1-10 動態本益比

代码	名称	星级	涨幅%	现价	每股盈利	市盈(动)	市净率	净利润?	买入信号	利好	利空	利润总额
600485	信威集团	★★★	+4.62	40.75	0.001	29400	13.82	303.7万③	6	无	无	0.073亿
600136	道博股份	★★★	+1.59	15.35	0.001	21736	11.98	5532万③	1	无	无	0.011亿
002149	西部材料	★★	-4.05	15.16	0.001	15483	3.03	12.82万③	1	无	无	0.242亿
600556	慧球科技	★★	-2.75	13.77	0.001	15425	3316	26.43万③	1	无	无	0.015亿
300063	天龙集团	★★			0.001	14036	5.52	19.06万③	1	无	无	0.002亿
600546	金圆股份	★★	-3.84	7.52	0.001	12793	3.73	28.80万③	1	无	无	0.008亿
300324	旋极信息	★★★★			0.004	10091	18.84	92.19万③	0	无	无	0.049亿
000503	海虹控股	★★★	+0.55	30.94	0.003	8606	21.94	242.4万③	1	无	无	0.025亿
000760	斯太尔	★★	+1.94	12.06	0.001	8499	4.16	58.67万③	1	无	无	-0.005亿
600892	宝诚股份	★★★	+18.00	26.73	0.003	7503	264.4	16.87万③	0	无	无	0.013亿
600822	上海物贸	★★★	-5.20	8.38	0.001	7144	4.30	43.58万③	0	无	无	0.543亿
600751	天津海运	★★★	-4.88	11.11	0.001	6803	2.73	355.1万③	3	无	无	0.035亿
600365	通葡股份	★★★			0.002	5685	3.33	30.03万③	0	无	无	0.004亿
000150	宜华地产	★★★★	-1.29	16.07	0.002	4892	6.53	79.82万③	0	无	无	0.031亿
002167	东方锆业	★★	-3.66	13.70	0.002	4647	4.23	91.53万③	0	无	无	0.098亿
600435	北方导航	★★★	-5.15	23.00	0.002	4585	8.31	280.2万③	2	无	无	0.446亿
600681	万鸿集团	★★			0.001	4555	94.75	29.19万③	0	无	无	0.009亿
600503	华丽家族	★★	+2.34	6.55	0.001	4320	2.94	182.2万③	0	无	无	0.165亿
600139	西部资源	★★	-4.69	11.79	0.001	4157	6.06	1500万③	0	无	无	0.107亿
000036	华联控股	★★	-5.62	4.03	0.001	3772	2.42	90.05万③	0	无	无	0.096亿
600456	宝钛股份	★★★	-3.46	17.28	0.004	3699	2.06	150.7万③	0	无	无	0.012亿

動態本益比是指還沒有真正實現的下一年度預測利潤的本益比。動態本益比和本益比,是全球資本市場通用的投資參考指標,用以衡量某一階段資本市場的投資價值和風險程度,也是資本市場之間用來相互參考與借鑒的重要依據

股票淨值比

　　股票淨值比指的是每股股價與每股淨資產的比率,也是股票投資分析中的重要指標之一,如圖 1-11 所示。股票淨值比的計算方法為:股票淨值比＝(P÷BV),即每股市價(P)÷每股淨資產(Book Value)。

　　對於投資人來說,按照股票淨值比選股標準,股票淨值比越低的股票,其風險係數越少一些。但在判斷投資價值時,還要考慮當時的市場環境以及公司經營情況、盈利能力等因素。尤其在熊市中,股票淨值比更成為投資人較為青睞的選股指標之一,原因就在於股票淨值比能夠表現股價的安全邊際。

圖 1-11　股票淨值比

	代码	名称	星级	涨幅%	现价	每股盈利	市盈动	市净率	净利润?	买入信号	利好	利空	利润总额
1	000505	珠江控股	★★	-5.51	7.03	-0.278		6606	-1.20亿⑪	0	无	无	-1.23亿
2	600556	慧球科技	★★★	-3.18	13.71	0.001	15358	3301	26.43万③	1	无	无	0.015亿
3	600870	厦华电子	★★★			-0.434		882.9	-2.27亿③	0	无	无	-2.28亿
4	000892	星美联合	★★	-2.29	7.26	-0.004	850.4	850.4	-183.2万③	1	无	无	-0.018亿
5	000017	深中华A	★★	-6.56	7.69	0.006	938.5	407.5	338.8万③	0	无	无	0.055亿
6	600421	仰帆控股	★★	-0.97	7.12	0.003	1971	364.9	52.99万③	0	无	无	0.016亿
7	600892	宝诚股份	★★★	+10.00	26.73	0.003	7503	264.4	16.87万③	6	无	无	0.013亿
8	000971	蓝鼎控股	★★	-4.51	9.32	-0.061		261.7	-1479万③	1	无	无	-0.148亿
9	600673	当代东方	★★★	-1.79	14.83	0.015	761.4	215.3	304.0万③	0	无	无	0.031亿
10	600771	广誉远		-2.23	23.29	0.008	2276	115.1	187.1万③	0	无	无	0.127亿
11	600876	洛阳玻璃	★★	-10.03	8.79	0.015	454.6	100.1	725.0万③	0	无	无	0.087亿
12	600681	万鸿集团				0.001	4555	94.75	29.19万③	0	无	无	0.009亿
13	600800	天津磁卡	★★★	-3.02	6.11	-0.057		92.98	-3511万③	2	无	无	-0.371亿
14	600678	四川金顶		+2.10	11.20	-0.046		91.80	-1614万③	0	无	无	-0.163亿
15	600234	山水文化	★★			-0.064		88.54	-1304万③	0	无	无	-0.154亿
16	600769	祥龙电业	★★	-0.96	7.21	0.002	2676	75.81	75.78万③	2	无	无	0.008亿
17	600179	黑化股份				-0.688		74.53	-2.68亿③	0	有	无	-2.59亿
18	600603	大洲兴业	★★★	-2.99	8.12	-0.014		71.90	-1100万③	1	无	无	-0.027亿
19	600083	博信股份	★★	-3.59	10.74	0.014	584.4	69.21	317.0万③	0	无	无	0.082亿
20	600766	园城黄金	★★★★			0.058	148.8	65.00	1306万③	0	无	无	0.141亿
21	000815	美利纸业	★★	-1.15	7.76	-1.35		57.23	-4.27亿③	0	无	无	-4.27亿

股票淨值比指的是市價與每股淨資產之間的比值，比值越低意味著風險越低

專家心法

　　股票淨值主要包括公司資本金、資本公積金、資本公益金、法定公積金、任意公積金、未分配盈餘等專案的合計，它代表全體股東共同享有的權益，也稱「淨資產」。淨資產的多少是由股份公司經營狀況決定的，股份公司的經營業績越好，其資產增值越快，股票淨值就越高，因此股東所擁有的權益也就越多。

漲幅

漲幅就是指目前這檔股票的上漲幅度，如圖 1-12 所示。

漲幅的計算公式為：漲幅＝（現價－上一個交易日收盤價）÷ 上一個交易日收盤價 ×100%。

圖 1-12　股票漲幅

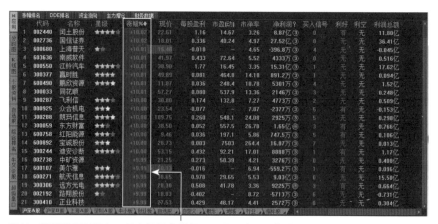

例如，某檔股票價格上一個交易日收盤價為 100 元，次日現價為 110.01 元，就是股價漲幅為（110.01 － 100）÷100×100% ＝ 10.01%，一般對於股票來說就是漲停了。如果漲幅為 0，則表示今天沒漲沒跌，價格和前一個交易日持平；如果漲幅為負則稱為跌幅

振幅

股票振幅的數據，對分析股票有很大的幫助，是反映市場活躍程度的指標。個股振幅越大，表示主力資金介入的程度就越深，反之就越小。但也不能一概而論，要結合具體的股票價格波動區間進行分析。如果在相對歷史低位，出現振幅較大的市場現象，表示有主力資金在介入；反之，在相對歷史高位出現上述現象，通常預示有機構主力資金在出逃。

圖 1-13　股票振幅

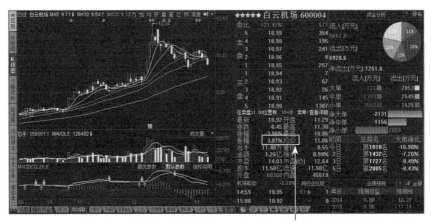

以日振幅為例，就是今天的最高價減去最低價，再除以昨日收盤價，再換成百分比。例如，某檔股票昨天收盤價是 11.37 元，今天最高上漲到 11.30 元，最低下跌至 10.86 元，那麼振幅＝（11.30—10.86）÷11.37 ＝ 3.87%。週振幅分析、月振幅分析以此類推

1-5

與投資人有關的股市名詞

在認識了相應的股票和股票術語知識後，投資人需要對相關的股市名詞進行相應的了解。

多方和空方

多方、空方是股市裡的兩個常用術語，如圖 1-14 所示。

在股票市場上，或者是在別的證券市場上，有多頭和空頭之分：所謂的「多頭」，是指投資人看好市場的走向為上漲，於是先買入，再賣出，以賺取利潤或者差價；所謂的「空頭」，是指投資人或者是投機者，看到未來市場的走向為下降，所以就賣出手中的證券，然後再伺機買入。其中，買入的叫多方，賣出的叫空方。

圖 1-14　多方和空方的定義

多方和空方

多方指看好股市而做多的一方，也就是看好而大量買股票，把價格推高的一方

空方指對股市的未來不看好，而賣出股票打壓股票價格，使得股票價格下挫的一方

專家心法

　　賣空也有當天平倉和持續平倉之分。當天平倉是指，對當天買入或者是以前具有的進行平倉；而持續平倉是指，對當天買入的或者是以前就有的不平倉，持續擁有。

誘多和誘空

　　股市中常談到誘多和誘空，而何謂誘多？何謂誘空？簡而言之，誘多就是利用消息面進行拉升，吸引資金入場抬升，然後再拋盤，如圖1-15所示，誘空則反之。

圖1-15　誘多

誘多式的快速拉升出貨，這種方式表現的特點是個股放量急速上漲，往往會漲停或者連續拉漲停。換手率異常增加，主力資金在拉升中完成出貨。在行情末期，但大盤還沒最後發生趨勢性改變的階段，這種方法是投資人最需要防範的。這種走勢很有吸引力，因為的確是在放量拉升，而且很強勢

配股和認股

　　配股和認股，兩者都會給原股東帶來股票數量的增加，如圖1-16所示。

圖1-16 配股和認股

配股
是指上市公司將利潤（或資本金轉增）分配給投資人，使投資人所持股份增加而獲得投資收益

認股
是股份有限公司在擴大生產經營規模、需要資金時，向原有股東募集資本金的一種方法

股利

發放股利是股份公司在盈利時，每年按股票份額的一定比例支付給投資者紅利，是上市公司對股東的投資回報。

投資人若購買一家上市公司的股票，表示對該公司進行投資，同時享受公司發放股利的權利。一般來說，上市公司發放股利主要有兩種形式：向股東發放現金股利和股票股利給股東。上市公司可根據情況選擇其中一種形式發放，也可以兩種形式同時使用。

(1) **現金股利**：指以現金形式向股東發放現金股利給股東，稱為配息。

(2) **股票股利**：指上市公司向股東發放股票股利給股東，即股利以股票的形式出現。

另外，還有一種方式稱為「轉增股本」，這也是投資人還經常會遇到的情況。「轉增股本」是指公司將資本公積金轉化為股本，此方式並沒有改變股東的權益，但增加了股本規模。

除權除息

上市公司以股票股利分配給股東，也就是公司的盈餘轉為增資或進

行配股時，就要對股價進行除權；上市公司將盈餘以現金分配給股東時，股價就要除息。除權除息日購入該公司股票的股東，則不可以享有本次配息或配股。

　　當一家上市公司宣佈配股，而配股尚未實行之前，該股票被稱為含權股票。要辦理除權手續的股份公司，先要報主管機關核定，在准予除權後，該公司即可確定股權登記基準日和除權基準日。凡在股權登記日擁有該股票的股東，就享有領取或認購股權的權利，即可參加配股。

　　實際上，除權、除息的目的，就是調整上市公司每股股票對應的價值，方便投資者對股價進行對比分析。如果不進行除權、除息處理，上市公司股價就會表現出較大幅度的波動。

第 **2** 章

從基本面3種分析法，
看懂股價趨勢

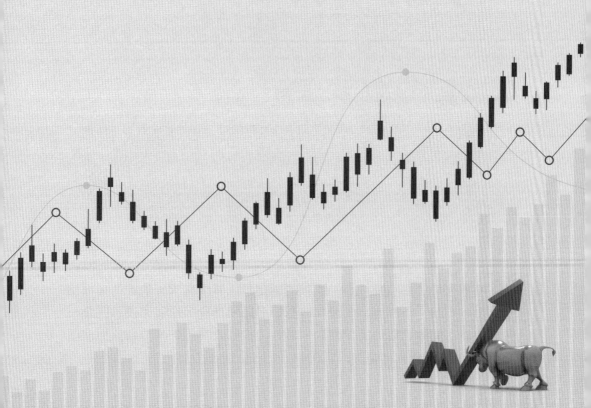

2-1

為什麼要用基本面分析股票？

　　從「面」看盤主要是指，從股票投資的基本面分析行情的走勢，包括宏觀經濟重大突發事件，以及微觀的行業形勢等等，這些基本面與股票價格的漲跌有非常密切的聯繫，本章將分別介紹。

　　基本面分析又稱「基本分析」，是以證券的內在價值為依據，著重於對影響證券價格及其走勢的各項因素分析，以此決定購買何種證券及何時購買。基本面分析的主要內容，如圖 2-1 所示。

 **圖 2-1　基本面分析的主要內容**

宏觀	▶	經由研究一個國家的財政政策、貨幣政策等形勢，並利用科學的分析方法，找出市場的內在價值，並與市場實際價值作比較，從而挑選出最具投資價值的股票
微觀	▶	經由研究上市公司的一系列經濟行為和相應的經濟變數，為買賣股票提供參考依據

　　基本分析的假設前提是：證券的價格是由其內在價值決定的，價格受政治、經濟、心理等諸多因素的影響而頻繁變動，很難與價值完全一致，但總是圍繞著價值上下波動。理性的投資人應根據證券價格與價值

的關係，進行投資決策。

　　股票市場基礎分析，主要側重於從股票的基本面因素，如宏觀經濟、行業背景、企業經營能力、財務狀況等，對公司進行研究與分析，試圖從公司角度找出股票的「內在價值」，從而與股票的「市場價值」進行比較，挑選出最具投資價值的股票。

專家心法

　　價值投資與基本面分析的關係是水乳交融的，可以說沒有基本面分析就無所謂價值投資，它是構成價值投資最基本的基石，或者說價值投資絕大多數的工作，就是在做基本面分析。

2-2

方法 1：
用大環境的經濟面分析

　　經濟形勢的重大變動，會對股市產生直接的影響，例如，在不同的經濟階段，國家會有不同的相關稅收政策、產業政策和貨幣政策等。

GDP 對股市的影響

　　GDP（Gross Domestic Product，國內生產毛額）是指經濟社會（即一個國家或地區）在一定時期內，運用生產要素所生產的全部最終產品（物品和勞務）的市場價值，也就是國內生產總值。它是對一國（地區）經濟，在核算期內所有常住單位生產的最終產品總量的度量，常常被看成顯示一個國家（地區）經濟狀況的一個重要指標。

　　GDP 的衰退或增長，會影響大盤指數的漲跌，從而影響所有個股的走勢，而 GDP 大幅增長，反映出該地經濟發展蓬勃。

　　GDP 與股價的關係為：在經濟繁榮時期，企業經營良好，盈利多，股價上漲；經濟不景氣時，企業利潤下降，股價疲軟下跌。即 GDP 或相關產業增加值呈上升趨勢時，是選擇股票的好時機。

　　用以下 3 張圖可說明此現象：圖 2-2 為 2013 年 1 季度至 2014 年 2 季度的 GDP 對比數據；圖 2-3 為同時期的上證指數 K 線圖。如圖 2-4 所示，由於受大盤整體下跌的趨勢影響，許多個股在 2014 年 1 季度這段時間中，個股行情變化也呈現出整體下跌的變化趨勢。

圖 2-2　GDP 對比數據

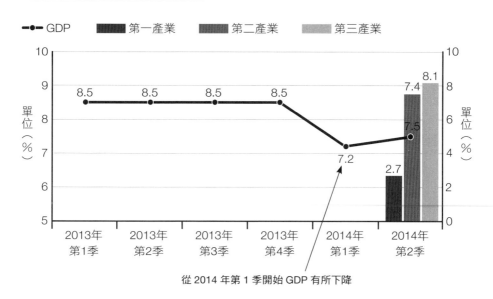

從 2014 年第 1 季開始 GDP 有所下降

圖 2-3　上證指數 K 線圖

同時期，上證指數的股價也隨之下跌

圖 2-4 熊貓煙花 K 線圖

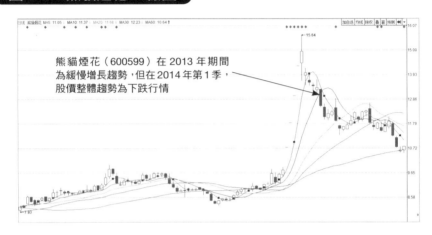

熊貓煙花（600599）在 2013 年期間
為緩慢增長趨勢，但在 2014 年第 1 季，
股價整體趨勢為下跌行情

通貨膨脹對股市的影響

　　通貨膨脹風險（Inflation Risk）又叫「購買力風險」，是指由於通貨膨脹因素，使銀行成本增加，或實際收益減少的可能性。

　　當發生通貨膨脹時，由於公司產品價格的上漲，股份公司的名義收益會增加，特別是當公司產品價格的上漲幅度，大於生產費用的漲幅時，公司淨盈利增加。

　　此時股息會增加，股票價格也會隨之提高，普通股股東可得到較高收益，可部分減輕通貨膨脹帶來的損失。但需要特別說明的是，通貨膨脹風險對不同股票的影響是不同的。

　　例如，在 20 世紀 70 年代中期到 80 年代，美國企業設法使其每股收益的增長速度，達到與通膨率大致相當的水準（10% 左右）。然而，為了保護股東價值，這些企業實際上必須將其盈利增長速度，提高到 20% 左右。這種差距正是那些年股市回報疲軟的主要原因之一。

利率對股市的影響

利率（Interest Rates）又叫利息率，是衡量利息高低的指標。指一定時期內利息和本金的比率，其計算公式為：利率＝利息 ÷ 本金。

利率是影響市場的重要經濟指標，在經濟蕭條時期，降低利率可刺激經濟發展；而在膨脹時期，提高利率可抑制經濟發展。通常，利率的升降與股價的變化呈反比，如圖 2-5 所示。

圖 2-5　利率對股市的影響

公司的借款成本增加，從而減少公司未來利益。與此同時，人民閒置資金從股市轉向銀行儲蓄或債券，從而減少股票持有量，使股價下跌

利率下降

利率上升

公司可經由借貸產生良性發展，而人民經由儲蓄方式的獲利能力降低，閒置資金有可能流向股市，引起股價上漲

股價

股價

專家心法

需要注意的是，利率與股價變化並非絕對成反比，在某些特殊情況下，當行情暴漲時，利率的調整對股價的控制作用不大。同樣，當行情暴跌時，即使出現利率下降的調整政策，也可能會使股價回升乏力。

經濟週期對股市的影響

經濟週期（Business Cycle）也稱商業週期，它是指經濟運行中，週期性出現的經濟擴張與經濟緊縮交替、循環往復的一種現象，是國民總產出、總收入和總就業的波動。

經濟週期可以分為繁榮、衰退、蕭條和復甦 4 個階段，如圖 2-6 所示。而不同類型的行業，其受經濟週期的影響程度也不同。

圖 2-6　經濟週期的 4 個階段

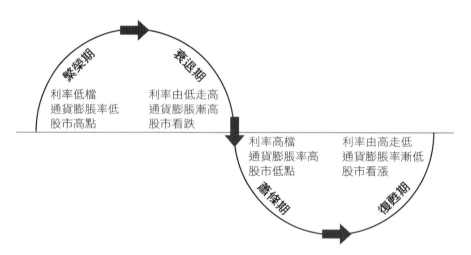

繁榮期
利率低檔
通貨膨脹率低
股市高點

衰退期
利率由低走高
通貨膨脹漸高
股市看跌

利率高檔
通貨膨脹率高
股市低點

利率由高走低
通貨膨脹率漸低
股市看漲

蕭條期

復甦期

專家心法

在現代宏觀經濟學中，經濟週期發生在實際GDP相對於潛在GDP上升（擴張）或下降（收縮或衰退）的時候。每一個經濟週期都可以分為上升和下降兩個階段。上升階段也稱為繁榮期，最高點稱為頂峰。經濟從一個頂峰到另一個頂峰，或者從一個谷底到另一個谷底，就是一個完整的經濟週期。

存款準備金率對股市的影響

·　　存款準備金，也稱為法定存款準備金或存儲準備金（Deposit Reserve），是指金融機構為保證客戶提取存款和資金清算需要，而準備在銀行的存款。央行要求的存款準備金，佔其存款總額的比例，就是存款準備金率（Deposit Reserve Ratio），這個指標常常被央行用來調節宏觀經濟的運行。

　　存款準備金率的高低會影響利率的高低，而利率的高低影響著證券價格的高低。一般而言，存款準備金率上升，利率會有上升壓力，這是實行緊縮的貨幣政策訊號。存款準備金率，是針對銀行等金融機構的，對最終客戶的影響是間接的；利率是針對最終客戶的，比如存款的利息，影響是直接的。

　　法定存款準備金率的調整，對經濟的衝擊比較大，容易產生不良後果，因此當今西方國家已經逐漸淡化了它的作用，設置極低甚至為零的法定存款準備金率。

匯率對股市的影響

　　匯率亦稱「外匯行市或匯價」，是指一國貨幣兌換另一國貨幣的比率，是以一種貨幣表示另一種貨幣的價格。由於世界各國貨幣的名稱不同，幣值不一，所以一國貨幣對其他國家的貨幣要規定一個兌換率，即匯率。

　　匯率是國際貿易中重要的調節槓桿。因為一個國家生產的商品都是按本國貨幣來計算成本的，要拿到國際市場上競爭，其商品成本一定會與匯率相關。因此匯率的高低，也就直接影響該商品在國際市場上的成本和價格，也影響到商品的國際競爭力。

　　大部分情況下，股市的漲跌是供需關係的表現，而影響供需關係的因素又是多方面的。單就匯率問題，一般而言，一國對外幣的匯率上升將導致更多的外幣兌換本幣，促進本幣的需求。

專家心法

　　貨幣政策是政府調控宏觀經濟的基本手段之一。由於社會總供給和總需求的平衡,與貨幣供給總量與貨幣需求總量的平衡相輔相成,因而宏觀經濟調控的重點必然立足於貨幣供給量。貨幣政策主要針對貨幣供給量的調節和控制,進而實現諸如穩定貨幣、增加就業、平衡國際收支、發展經濟等宏觀經濟目標。

　　對於一個開放的市場來說,用外幣換取的本幣將有可能進入股票市場,進而增長股市資金來源,促使股市上漲。而另一方面,本幣的大量流失將導致股市資金流向匯市,致使股市下跌;反之亦然。匯率變動對於股市的影響,如圖 2-7 所示。

圖 2-7　匯率對股市的影響

影響上市公司的進出口和收益水準	匯率變動將會影響與進出口貿易有關的上市公司業績,使公司的利潤發生變化,從而使公司的股票價格發生波動
影響證券市場的決策行為與資本流動	匯率波動會導致投資人對手中的股票進行重新組合,改變手中本國股票的持有量,這種對股票的轉換會影響股票的價格
公開市場和外匯市場等領域的操作	政府為了穩定本幣匯率水準,可動用國際儲備金影響證券價格,還可以操作債市和股市的聯動關係,抑制本幣趨勢

物價變動對股市的影響

通常所說的物價其實就是生產價格，而生產價格是由部門平均生產成本，加上社會平均利潤構成的價格，生產價格就是價值的轉化形態。物價變動對股票市場有重要影響，如圖 2-8 所示。

圖 2-8　物價變動對股市的影響

1 商品價格緩慢上漲，且物價上漲率大於借貸利率的上漲率時，股價會上升

2 商品價格漲幅過大，股價不升反降

3 物價上漲，商品市場的交易呈現繁榮興旺時，股價或漲或跌

4 物價持續上漲，引起股票投資人保值意識的作用增加，股價會下跌

政治因素對股市的影響

政治與經濟是緊密聯繫的，如果發生重大國際政治活動，通常就會對國際經濟形勢產生較大影響，股票價格也會因此產生波動。而從國內來看，如果國家對政治政策進行調整變動，或者是有影響廣泛的經濟政策以及相關法律法規提出，對股票價格也會產生明顯的影響，如圖 2-9 所示。

國際重大政治事件的發生，會直接導致股價出現明顯的波動，投資人可以根據不同的政治形勢，來判斷相關公司的股票股價走勢，來採取相對應的投資策略。

圖 2-9　政治因素對股市的影響

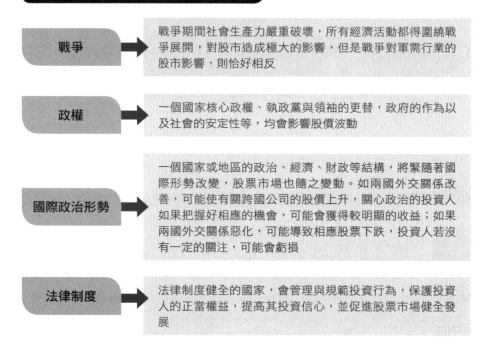

戰爭	戰爭期間社會生產力嚴重破壞，所有經濟活動都得圍繞戰爭展開，對股市造成極大的影響，但是戰爭對軍需行業的股市影響，則恰好相反
政權	一個國家核心政權、執政黨與領袖的更替，政府的作為以及社會的安定性等，均會影響股價波動
國際政治形勢	一個國家或地區的政治、經濟、財政等結構，將緊隨著國際形勢改變，股票市場也隨之變動。如兩國外交關係改善，可能使有關跨國公司的股價上升，關心政治的投資人如果把握好相應的機會，可能會獲得較明顯的收益；如果兩國外交關係惡化，可能導致相應股票下跌，投資人若沒有一定的關注，可能會虧損
法律制度	法律制度健全的國家，會管理與規範投資行為，保護投資人的正當權益，提高其投資信心，並促進股票市場健全發展

自然因素對股市的影響

　　自然災害對股價影響，產生於災害對實物資產的損害。災害發生時，影響了生產，股價隨之下跌；但是另一方面，災後的重建會刺激生產的擴張，相關行業的股價會有一定程度的上升。

　　例如，2002 ～ 2003 年期間，SARS 對中國的直接損失雖然並不大，但卻嚴重影響人民正常生產和生活，部分行業損失嚴重。政府於是大力扶植農業和農村經濟、中小企業、服務業等受影響較大的行業。在有效的宏觀政策調控下，股市受到的 SARS 負面影響被有效控制。如圖 2-10 所示，2003 年 2 季度增長速度暫時下降到 6.7％之後，3 季度很快恢復到 9.1％的水準。

圖 2-10　自然因素對股市的影響

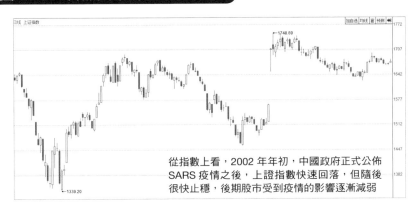

從指數上看，2002 年年初，中國政府正式公佈
SARS 疫情之後，上證指數快速回落，但隨後
很快止穩，後期股市受到疫情的影響逐漸減弱

2-3

方法 2：
用行業類別&發展狀況分析

　　雖然宏觀經濟因素對股市的影響很大，但是在同一經濟形勢下，行業形勢的分析對看盤也是十分重要的。

行業的分類有哪些？

　　行業在國民經濟中地位的變更，行業的發展前景和發展潛力，新興行業引來的衝擊，以及上市公司在行業中所處的位置、經營業績、經營狀況、資金組合的改變及人事變動等，都會影響相關股票的價格。

　　我們研究的課題是對股票影響的因素有哪些，因為股票是行業的融資平台，它可以使行業有更大的發展，所以，行業的不同對股票的影響也不同。

　　股票市場中行業的分類有以下：A 農、林、牧、漁業；B 採礦業；C 製造業；D 電力、燃氣及水的生產和供應業；E 建築業；F 交通運輸、倉儲和郵政業；G 資訊傳輸、電腦服務和軟體業；H 批發和零售業；I 住宿和餐飲業；J 金融業；K 房地產業；L 租賃和商務服務業；M 科學研究、技術服務和地質勘查業；N 水利、環境和公共設施管理業；O 居民服務和其他服務業；P 教育；Q 衛生、社會保障和社會福利業；R 文化、體育和娛樂業；S 公共管理與社會組織；T 國際組織。

行業的性質

行業性質，是從理論上對社會上的大多數行業分類，根據行業中從事的業務、對社會的貢獻程度等，劃分出不同行業所屬的類別，如製造業、服務業、農業等，如圖 2-11 所示。

圖 2-11　依行業的性質分類

行業的性質	製造業	主要以手工勞動為基礎，來進行商品生產
	服務業	以自身的產品性質，為社會大眾提供服務
	農業	生產農業產品

行業的生命週期

行業生命週期（Industry Life Cycle）的曲線形狀，和產品生命週期的曲線形狀大致相同，都呈現 S 型，經過導入期、成長期、成熟期和衰退期（或蛻變期）4 個階段，如圖 2-12 所示。行業生命週期的每個階段沒有明顯的界線，敏銳地判斷行業處於哪個階段，並且提前做好相應的戰略準備，才能在競爭中處於優勢地位。

處於不同行業生命週期的企業行為，存在著顯著的差異，如企業戰略、企業能力、組織結構、投資與風險、企業重組與併購、競爭行為等。可見，投資不同階段的企業股票，應該制定不同的戰略。行業生命週期各階段特徵，如表 2-1 所示。

圖 2-12　行業的生命週期

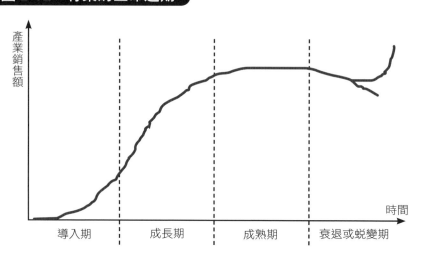

産業銷售額

時間

導入期　　成長期　　成熟期　　衰退或蛻變期

表 2-1　行業生命週期的特徵

特徵	起步期	成長期	成熟期	衰退期
消費者數量	少	增加	大眾	減少
產量	低	增加	穩定	減少
市場增長率	較高	很高	不高，趨於穩定	降低，負值
利潤	較低，甚至為負	增加	最高	降低
競爭	對手數量少，不激烈	對手數量增加，開始激烈	對手數量最多，競爭最激烈	對手數量減少，競爭程度降低
企業規模	較小	擴大	最大	降低或增加
產品品項	單一	增加品項	較多	減少
技術	不穩定	趨於穩定	穩定	落後
行業進入壁壘	低	提高	最高	企業退出該行業

專家心法

　　處於同一時期，但不同生命週期階段的行業，其所屬股票價格通常也會呈現相同的特性。所以根據以上對某個行業內的企業進行生命週期分析後，就可以判斷出股票的漲跌與未來價值，進而更準確地投資。

行業分析的方法

　　投資人做基本面分析時，首先要考慮經濟環境，接著觀察該行業的現狀，最後才是對公司本身進行分析。行業是聯繫宏觀經濟與微觀經濟的橋樑，炒股經常講的板塊輪動，就可以從行業狀況中推測一二，如產業振興規劃、行業的重大政策，都會造成板塊的活躍，從而幫助投資人抓住熱門板塊。

　　一般情況下，投資人可從網路和生活兩個方面，去獲得各類行業的資訊。

(1) **網路**：大型的財經類網站，會定期提供一些行業的最新資訊，例如行業研究分析報告。

(2) **生活**：在日常生活中，投資人也需要多關注身邊的行業。例如，買菜時可關注農業，去超市購物時可關注零售業，銀行存取款時可關注金融業，看到周圍樓房的建設時可關注房地產業。投資人還可以關注自身所處的行業，收集一些大型網站定期發佈的行業資料，判斷行業的發展，這些經驗都是需要日積月累的。

專家心法

　　行業的市場分析牽扯到公司的核心競爭力，有些公司掌握核心技術，有些公司是壟斷企業，就能持續產生巨額的利潤，且不會被不斷複製而導致產能過剩。但也不表示這樣的公司就一定值得投資了，還必須看此公司的價位如何。

2-4

方法 3：
善用上市公司資訊

　　把上市公司的經營資訊與盤面資訊結合分析，並在實戰中加以利用，是專業機構套利的常用技術。一般投資人應重視上市公司的訊息公佈，同時建立起自己的股票資訊收集方式和分析方法。

計算上市公司的淨資產

　　淨資產就是所有者權益，是指所有者在企業資產中享有的經濟利益，其金額為資產減去負債後的餘額。所有者權益包括實收資本（或者股本）、資本公積、盈餘公積和未分配利潤等。

　　其計算公式為：淨資產＝所有者權益（包括實收資本或者股本、資本公積、盈餘公積和未分配利潤等）＝資產總額－負債總額

　　每股淨資產值反映了「每股股票代表的公司淨資產價值」，是支撐股票市場價格的重要基礎。每股淨資產值越大，表示公司每股股票代表的財力越雄厚，通常創造利潤的能力和抵禦外來因素影響的能力越強。淨資產收益率，是指公司稅後利潤除以淨資產得到的百分比率，用以衡量公司運用自有資本的效率。

利用報表分析上市公司

投資人應從多層面看待上市公司季報所反映的訊息，以便在風險與收益權衡中取得理想的投資回報。

財務報表（Financial Statements）是指在日常會計核算資料的基礎上，按照規定的格式、內容和方法定期編制的，綜合反映企業某一特定日期的財務狀況，和某一特定時期的經營成果、現金流狀況的書面文件。財務報表的內容大致可以分為 4 大部分：資產負債表、損益表、股東權益變動表、現金流量表。

經由以上報表，投資人就可以簡單看出一個公司究竟賺不賺錢？值不值得投資？

公司經營、管理能力分析

對於具體的個股而言，影響其價位高低的主要因素，在於企業本身的內在素質，包括財務狀況、經營情況、管理能力、技術能力、市場大小、行業特點、發展潛力等一系列因素。企業是市場經濟的主體，了解企業、分析企業，是投資人、貸款者、經營者和管理部門最為關注的問題。

上市公司的經營管理，會對經營業績產生間接影響，公司的成長性是影響公司股價波動的內生因素與重要指標，是對股價形成機制與影響因素的本質考量。因此，投資人要學會研究公司經營、管理能力，發現與挖掘上市公司股票的內在價值。

專家心法

在影響股價波動的微觀經濟因素中，上市公司是決定自身股價的主要因素。

1. **公司業績**：公司業績集中表現在公司的各種財務指標上，公司業績方面會影響股價的因素，主要有公司淨資產、盈利水準、公司的配息、和股本擴張、增資和減資以及營業額等。總體來說就是公司的收益性、公司的獲利能力以及公司的利潤情況，這些是決定公司股票價格的根本因素。

2. **公司成長性**：公司的成長性也就是公司的擴展經營能力，對公司的成長性進行分析，就是對公司的發展前景的判斷，關注的不是短時間內的股價波動，而是對公司股票投資的長期效益。

3. **資產重組與收購**：這是上市公司為了實現規模效益或轉虧為盈，採取兼併重組方式，對公司進行的重大組織變動。資產重組的模式，主要有資產置換、優質資產注入和不良資產剝離。上市公司的收購是股市最具有活力的現象，收購往往伴隨著股價的急升。

第 **3** 章

善用各種技術分析，
抓到股價高低點

3-1

技術分析有哪些層面？

　　證券市場的價格是複雜多變的，投資人要有一套方法，來制定或選擇投資策略。股票技術分析是以預測市場價格變化的未來趨勢為目的，經由分析歷史圖表對市場價格變動做分析的一種方法，也是證券投資市場中非常普遍的分析方法。

　　技術分析是指以市場行為為研究對象，以判斷市場趨勢。並跟隨趨勢的週期性變化，來對股票及一切金融衍生物做出交易決策的方法。

　　股票投資的分析方法主要有 3 種，即基本分析、技術分析、演化分析，如圖 3-1 所示。其中，**基本分析主要應用於投資標的物的選擇上；技術分析和演化分析，則主要應用於具體投資操作的時間和空間判斷上**，作為提高投資分析有效性和可靠性的重要手段。

　　整體看來，技術分析的基本觀點是：所有股票的實際供需量及其背後，具有引導作用的種種因素，包括股票市場上每個人對未來的希望、擔心、恐懼等，都集中反映在股票的價格和交易量上。

圖 3-1　股票投資的 3 種分析方法

基本分析 ▶ 主要是研究上市公司的價值，對決定公司內在價值和影響股票價格的宏觀經濟形勢、行業發展前景、企業經營狀況等做詳盡分析，以預測上市公司的長期投資價值，作為其股票投資建議

技術分析 ▶ 技術分析認為市場行為包容消化一切，股價波動可以定量分析和預測。主要是研究上市公司的股票價格，從股價變化的歷史圖表入手，對股票市場波動的規律進行分析，以預測股價波動趨勢

演化分析 ▶ 演化分析是以演化證券學理論為基礎，將股市波動的生命運動特性作為主要研究對象，對股價波動方向與空間進行動態追蹤研究，為股票交易決策提供機會與風險評估的方法總合

專家心法

　　股票技術分析的理論基礎是「空中樓閣」理論。「空中樓閣」理論的倡導者是約翰‧梅納德‧凱恩斯（John Maynard Keynes），他認為股票價值雖然在理論上取決於其未來收益，但由於進行長期預期相當困難和不準確，故投資人應把長期預期劃分為一連串的短期預期。

　　而一般投資人在預測未來時，都遵守一條成規：除非有特殊理由預測出未來會有改變，否則即假定現狀將無法定期繼續下去。凱恩斯認為：「股票價格乃代表股票市場的平均預期，循此成規所得的股票價格，只是一群無知無識群眾心理之產物，當群意驟變時，股價自然就會劇烈波動。」

3-2

K 線最能反映市場行為

　　K 線據說起源於 18 世紀日本的米市，當時日本的米商用來表示米價的變動情況，後來被引用到證券市場，成為股票技術分析的一種理論。

K 線的基本形態

　　K 線圖是表示單位時間段內，價格變化情況的技術分析圖，是將股票每日、每週、每月的開盤價、收盤價、最高價、最低價等漲跌變化狀況，用圖形的方式表現出來。因為其繪製出來的圖示形狀類似於一根根的蠟燭，加上這些蠟燭有黑白之分，因此也稱「陰陽線圖表」。

　　首先找到該日或某一週期的最高和最低價，垂直地連成一條直線，然後再找出當日或某一週期的開市和收市價，把這兩個價位連接成一條狹長的長方柱體。圖 3-2 所示為 K 線的基本形態。

K 線圖中各圖形、影線的意義

　　K 線圖是股票分析的基礎手段，能夠讓我們全面地觀察到市場的真正變化，從 K 線圖中，既可以看到行情整體的趨勢，也可以了解股市的每日波動情形。

　　根據 K 線圖上下影線和中間柱體的長短不同，不同的陽線形態有

不同的含義。**在 K 線圖中，空實心的柱形、影線的長度都直接反映出價格的變動**，影線與柱形的組合也是投資人必須了解的，具體如表 3-1 所示。

圖 3-2　K 線的基本形態

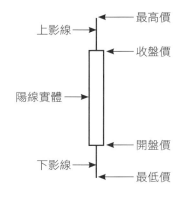

陽線

假如當日或某一週期的收盤價較開盤價為高（即低開高收），便在柱體上留白，這種柱體就稱為「陽線」

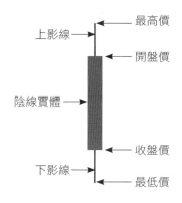

陰線

如果當日或某一週期的收盤價較開盤價為低（即高開低收），則在柱體上塗黑色，這種柱體就是「陰線」

專家心法

　　值得注意的是：收出陽線並不代表當日股價肯定是上漲的，關鍵取決於當日開盤價的高低，如果是低開高走，漲幅為負，其收盤 K 線事實上仍為陽線。

　　同理，收出陰線並不代表當日股價肯定是下跌的，也取決於當日開盤價的高低，如果是高開低走，最終漲幅雖然為正，但其收盤時 K 線仍為陰線。

表 3-1   各種陽線的意義

圖形	意義
	名稱：光腳陽線 **特徵**：沒有下影線，上影線長 **分析**：表示股價上漲時遇到強勁反壓力道，此種K線若出現在高價區，則後市看跌
	名稱：上吊陽線 **特徵**：沒有上影線，下影線長 **分析**：表示買方力道強勁，在價格下跌時，低價位上可以得到買方的支撐
	名稱：假陽線 **特徵**：上下影線短，實體柱長 **分析**：表示漲勢強勁，股票價格堅挺
	名稱：上影陽線 **特徵**：上影線長，下影線短 **分析**：表示多空交戰，多方更強勢，經常表示反轉訊號。需要特別注意的是，出現大漲後，常代表後市可能下跌；而出現大跌後，則可能觸底反彈
	名稱：下影陽線 **特徵**：上影線短，下影線長 **分析**：表示上漲力道強勁，下跌後能夠收回
	名稱：大陽線 **特徵**：沒有上下影線，長實體柱 **分析**：表示一路上漲，買方的力量總體大於賣方
	名稱：小陽線 **特徵**：上下影線長，實體柱短 **分析**：表示多空交戰，力道均衡，行情不明

掌握 K 線組合的規律

　　典型的 K 線或 K 線組合，如圖 3-3 所示，會不斷地重複出現。如果投資人掌握了這些規律，投資的勝算就能大幅提升。

圖 3-3　常見的 K 線組合

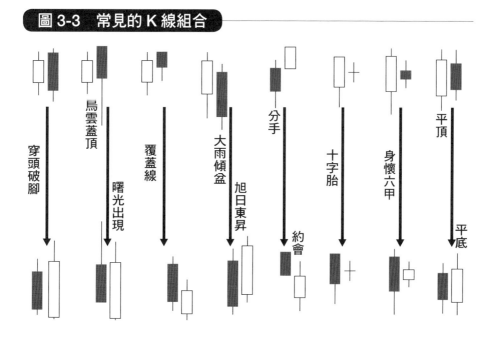

- 穿頭破腳：是中陽（陰）線和包線兩根 K 線的組合，顯示震盪幅度加大，進入變盤敏感區域。
- 烏雲蓋頂：相反線的一種，是中陽線和切入陰線兩根 K 線的組合，顯示上漲遇到頑強抵抗，空頭重新積聚力量。
- 曙光出現：相反線的一種，是中陰線和切入陽線兩根 K 線的組合，顯示下跌遇到頑強抵抗，多頭重新積聚力量。

- 覆蓋線：股價連續數天揚升之後，隔日以高盤開出，隨後買盤不願追高，大勢持續滑落，收盤價跌到前一日陽線之內。這是超買之後所形成的賣壓湧現，獲利了結後股票大量釋出之故，股價將下跌。

- 大雨傾盆：見頂訊號，後市看跌。陰線實體低於陽線實體部分越多，轉勢訊號越強。

- 旭日東昇：此形態之前股價必須要經過一輪明顯的下跌趨勢，次日大幅高開陽線的收盤價，必須超越前一日陰線的開盤價（即實體之上）。

- 分手：由兩根具有相同開盤價，但是顏色相反的 K 線組成。這種形態代表了市場的繼續訊號，與約會線的形態剛好相反。

- 約會：當兩根顏色相反的 K 線具有相同的收盤價時，就形成了一個「反擊線形態」，也稱「約會線形態」。

- 十字胎：是中陽（陰）線和孕十字星兩根 K 線的組合，顯示原運動趨勢出現整理訊號，後市醞釀變盤。

- 身懷六甲：又稱孕線，是中陽（陰）線和孕線兩根 K 線的組合，特別的走勢顯示該股將有大動作。

- 平頂：連續兩日遇某高點回落，顯示該高點有一定阻力。

- 平底：連續兩日遇某低點回升，顯示該低點有一定支撐。

K 線分析的注意事項

　　K 線圖是最能表現市場行為的圖表之一，但某些常見的 K 線組合形態，並沒有嚴格的科學邏輯，因此在應用 K 線的時候，需要注意圖 3-4 所示的問題。

圖3-4　K線分析要注意的事項

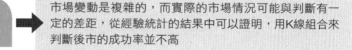

市場變動是複雜的，而實際的市場情況可能與判斷有一定的差距，從經驗統計的結果中可以證明，用K線組合來判斷後市的成功率並不高

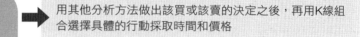

用其他分析方法做出該買或該賣的決定之後，再用K線組合選擇具體的行動採取時間和價格

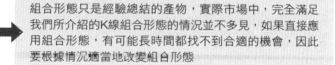

組合形態只是經驗總結的產物，實際市場中，完全滿足我們所介紹的K線組合形態的情況並不多見，如果直接應用組合形態，有可能長時間都找不到合適的機會，因此要根據情況適當地改變組合形態

專家心法

　　為了更深入瞭解 K 線組合形態，投資人應該瞭解每種組合形態的內在和外在原理。因為它不是一種完美的技術，這一點與其他技術分析方法是一樣的。K 線分析是靠人類的主觀印象而建立的，並且是基於對歷史的形態組合所整理出的分析方法之一。

3-3

「趨勢分析法」簡單好上手

趨勢線是趨勢分析的一種方法，趨勢線分析方法簡單好用，在判斷股價趨勢時有很好的效果。使用趨勢線可以簡單明確地把握股價走勢，從而做到因勢利導、順勢而為。

趨勢線

實戰投資者最重要的投資原則，就是順勢而為，即順從股價沿最小阻力運行的趨勢方向而展開操作，與股價波動趨勢達到「天人合一」。

趨勢的概念主要是指股價運行的方向，它表現出股價波動具有序性的特徵，也是股價隨機波動中偏向性特徵的主要表現。趨勢根據時間的長短，可以劃分為長期趨勢、中期趨勢和短期趨勢。一個長期趨勢一般由若干個中期趨勢組成，而一個中期趨勢由若干個短期趨勢組成，如圖3-5 所示。

所謂「一把尺走天下」，其實指的就是趨勢線的運用。**投資人要常常提醒自己：趨勢是我的朋友，永遠順著趨勢展開操作**，不可逆勢而為。學會使用趨勢線來確定趨勢的方向，對於投資人來說，是必不可少的基本功之一。

圖 3-5　認識趨勢線

專家心法

　　在一個價格運動當中，如果其包含的波峰和波谷都高於前一個波峰和波谷，那麼就稱為「上漲趨勢」；相反，如果其包含的波峰和波谷都低於前一個波峰和波谷，那麼就稱為「下跌趨勢」；如果後面的波峰與波谷基本上與前面的波峰和波谷持平的話，那麼稱為「振盪趨勢」，或者「橫盤趨勢」，或者無趨勢。

軌道線

　　軌道線又稱通道線或管道線，是在趨勢線的基礎上演化而來的一種進一步描述趨勢、判斷出入點的方法。軌道線可以分為上升通道和下降通道兩種，而軌道線實際上就是上升和下降趨勢線的平行線，如圖 3-6 所示。

　　由於軌道線是由上下兩根線構成的，在買賣點上，比單根趨勢線更具體，而且所有趨勢線的判斷原則同樣適用於軌道線。當軌道線確立

後，就非常容易找出股價的高低價位所在，投資人可依此判斷來操作股票。此外，軌道線亦有買賣點清晰、交易次數少、成功率高等優點。

圖 3-6 軌道線

上升趨勢中，先以連續兩個依次抬高的低點劃出一條上升趨勢線，然後在股價第一次反彈的高點處，做這條上升趨勢線的平行線，即形成一個上升通道

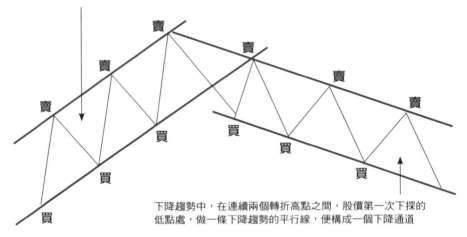

下降趨勢中，在連續兩個轉折高點之間，股價第一次下探的低點處，做一條下降趨勢的平行線，便構成一個下降通道

支撐線和壓力線

支撐壓力線是股票技術分析中常用的參考指標，當價格突破支撐壓力線時，市場行情有可能發生反轉，如圖 3-7 所示。支撐線和壓力線是可以相互轉化的，突破壓力線後壓力線就轉化為支撐線；同樣，突破支撐線後支撐線就轉化為壓力線，這符合物極必反的原則。

當股價跌到某個價位附近時，股價停止下跌，甚至回升，這個具有阻止股價繼續下跌，或暫時阻止股價繼續下跌的價格，就是支撐線所在的位置；當股價上漲到某價位附近時，股價會停止上漲，甚至回落，這個具有阻止或暫時阻止股價繼續上升的價位，就是壓力線所在的位置。

圖 3-7　支撐線和壓力線

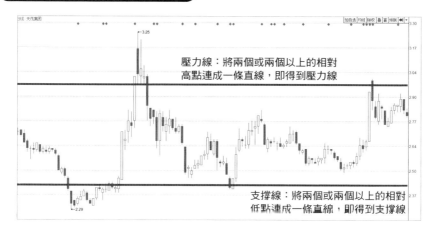

支撐線和壓力線的作用，是阻止或暫時阻止股價向一個方向繼續運動。同時，支撐線和壓力線又有徹底阻止股價以原方向變動的可能。支撐和壓力的角色不是一成不變的，它們可以相互轉化，如圖 3-8 所示。當然，前提是被有效、足夠強大的價格變動所突破。

圖 3-8　支撐線和壓力線的相互轉化

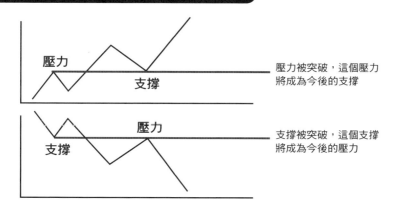

3-4

「形態分析」就是順勢操作

形態分析把股價走勢中若干典型的形態作出歸納，分為「反轉形態」和「持續形態」兩大類，是技術分析領域中較簡明實用的分析方法。

反轉形態

反轉形態的圖形表示股價的原有走勢將要逆轉，也就是將要改變原先的股價走勢方向。例如，原來的上升趨勢將變成下降趨勢，或原來的下降趨勢將變成上升趨勢。反轉形態的典型圖形有雙頂形、頭肩形、直線形和 V 形等。下面主要介紹幾種常見的反轉形態。

1. V 形和倒 V 形

V 形與倒 V 形都是實戰中比較常見、力度極強的反轉形態，往往出現在市場劇烈波動時，在價格底部或者頂部區域只出現一次低點或高點，隨後就改變原來的運行趨勢，股價呈現出相反方向的劇烈變動，如圖 3-9 所示。

圖 3-9　V 形與倒 V 形

V 形反轉形態是指股價先一路下跌，隨後一路攀升，底部為尖底，在圖形上就像英文字母 V 一樣；倒 V 形是指股價先一路上漲，隨後一路下跌，頭部為尖頂。

V 形與倒 V 形沒有明確的買賣點。V 形最佳買點是低位放量跌不下去回升初期，或是放量大陽線的轉勢時；倒 V 形最佳賣點是高位放量漲不動回落初期，或是高位放量大陰線轉勢時。

2. 圓弧頂和圓弧底

圓弧頂與圓弧底是兩種常見的反轉形態，也是投資人及市場分析人士均相當重視的形態。在頭肩形反轉形態中，股價起伏波動較大，反映多空雙方爭鬥激烈；在突破頸線後，形態成立。而圓弧頂及圓弧底形態是漸進的過程，市場多空雙方勢均力敵，交替獲勝，使股價維持一段較長時間的盤局，最終才會出現向上或向下的反轉行情。

(1) **圓弧頂**：圓弧頂是指股價呈現圓頂走勢，當股價到達高點之後，漲勢趨緩，隨後逐漸下滑，是見頂圖形，這預示後市即將下跌。整個形態完成耗時較長，常與其他形態複合出現。

市場在經過初期，買方力量略強於賣方力量的進二退一式

的波段漲升後，買力減弱，而賣方力量卻不斷加強；中期時，多空雙方力量均衡，此時股價波幅很小，而後期賣方力量超過買方，股價回落，當向下突破頸線時，就將出現快速下跌，如圖 3-10 所示。

圖 3-10　圓弧頂

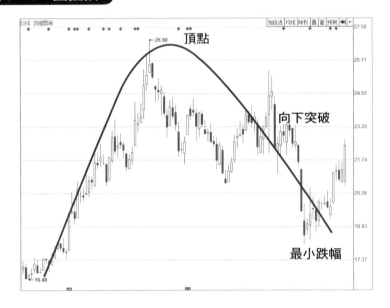

(2) **圓弧底：**圓弧底是指呈圓弧狀的一種底部反轉上攻形態，也稱「碗形」，股價多處於低位區域。與潛伏底相似之處在於，交投清淡，耗時幾個月甚至更久，呈現弱勢行情典型特徵，是在跌市中，投資人信心極度匱乏在技術走勢上的表現。

　　這時空方的能量也基本釋放完畢，但由於前期下跌殺傷力強，短時間內買方也難以匯集買氣，無法快速脫離底部上漲，只能長期停留在底部休整，以時間換空間，慢慢恢復元氣，價

格陷入膠著，振幅很小，此時便會形成圓弧底形態，如圖 3-11 所示。

圖 3-11 圓弧底

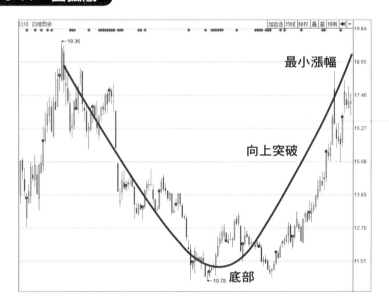

3. 雙重頂和雙重底

K 線組合中有兩個特殊的反轉形態，即雙重頂（或稱 M 頭或雙頭，如圖 3-12 所示）和雙重底（或稱 W 底或雙底，如圖 3-13 所示）。其中 M 頭提示後市有見頂可能，是股價即將下跌的訊號。而 W 底正好相反，是一種預示股價即將漲升的形態，因此正確識別雙頂和雙底形態極為關鍵。

無論 M 頭或 W 底，最終都以突破頸線作為有效的標誌。熊眼看市處處是頂，怎麼看都是 M 頭，任何一次反彈都是出貨的良機；而牛眼看市則處處是底，怎麼看都是 W 底，任何時候回檔都是買入時機。

圖 3-12　雙重頂

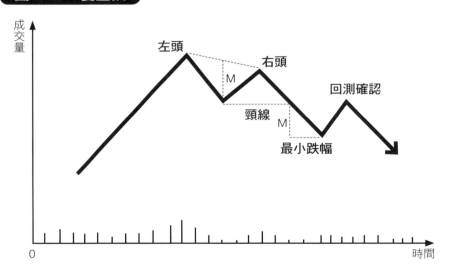

圖 3-13　雙重底

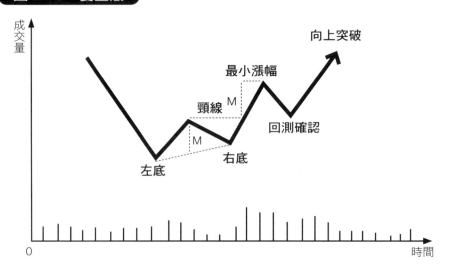

持續形態

持續形態指的是單邊趨勢（下跌或者上漲）在運行過程中出現暫時性的休整。股價經過階段性的蓄勢休整之後，又重新回歸到原有的趨勢，如圖 3-14 所示。

持續形態主要分為以下 6 種：三角形形態、矩形形態、旗形形態、楔形形態、頭肩底形態、不規則形態等。不論是什麼類型的持續形態，只要了解它的特徵、量價關係、價格測量空間等，就可以對其進行適當的操作，筆者就不一一闡述。

持續形態是操作中最有把握產生交易機會的，因為持續形態本身展現了順勢操作的精髓，同時經由中繼形態的自身風險控制功能，投資人可以很輕鬆地將交易風險控制在有限的範圍內，同時也能經由中繼形態，產生合理的最小目標預測。如果再配合均線、趨勢線等技術手段的輔助，交易的成功率會非常高。

圖 3-14　持續形態

該股運行了一個中長期的上升趨勢，在 A 區域進入短期休整階段，當該持續形態結束後，股價恢復原有趨勢繼續上漲，該股後期上漲的幅度與持續形態的運行幅度基本一致（見 B 區域）

3-5
結合技術分析指標，
預測高低點更精確

為了能更準確地預測股票價格的未來趨勢，以及買賣股票的合適時機，人們不斷地對股價走勢進行研究，產生了很多方法。現在大多數投資人都採用技術分析和基本分析法來預測股市的走勢。下面介紹常用的技術分析指標。

DMA 指標：兩條移動平均線的差值

均線的全名是「移動平均線」（Moving Average，簡稱 MA），它是以查理斯·道（Charles Henry Dow）的「平均成本概念」為理論基礎，採用統計學中「移動平均」的原理，將一段時期內的股票價格平均值連成曲線，用來顯示股價的歷史波動情況，進而反映股價指數未來發展趨勢的技術分析方法。

均線差指標（DMA）屬於趨向類指標，也是一種趨勢分析指標。它是經由計算兩條基準週期不同的移動平均線的差值，來判斷當前買入、賣出能量的大小和未來價格走勢的趨勢。圖 3-15 所示為均線差指標在盤面中的表現。

均線差指標的計算公式為：DMA ＝短期平均值－長期平均值，AMA ＝短期平均值。以求 5 日、10 日為基準週期的 DMA 指標為例，其計算過程為：DMA（5）＝ 5 日平均值 -10 日平均值，AMA（10）＝5 日平均值。

均線差指標的原則，是當實線向上交叉虛線時為買進點，當實線向下交叉虛線時為賣出點。針對這個規律，投資人可以得出：當實線從高位兩次向下交叉虛線時，則股價下跌幅度可能會比較深；當實線從低位兩次向上交叉虛線時，則股價上漲幅度可能比較大。

圖 3-15　均線差指標（DMA）

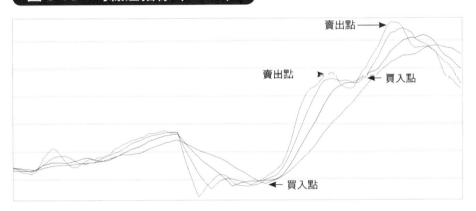

KDJ 指標：反映價格趨勢的強弱

KDJ 指標又稱隨機指標，是由喬治・萊恩（George Lane）首創的，它是經由當日或最近幾日最高價、最低價，及收盤價等價格波動的波幅，來反映價格趨勢的強弱。

KDJ 指標有 3 條曲線，分別是 K 線、D 線和 J 線，如圖 3-16 所示。其中，K、D 和 J 值的取值範圍都是 0 ～ 100。當 K、D、J 的值在 20線以下為超賣區，視為買入訊號；當 K、D、J 的值在 80 線以上為超買區，視為賣出訊號；當 K、D、J 的值在 20 ～ 80 線之間為徘徊區，投資人應暫作觀望。

圖 3-16 隨機指標（KDJ）

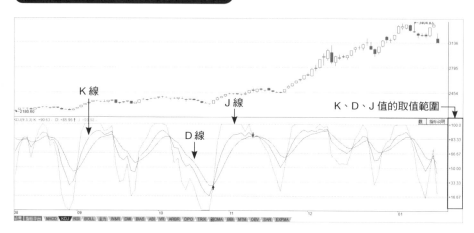

隨機指標 KDJ 是以最高價、最低價及收盤價為基本數據計算後，以所得出的 K 值、D 值和 J 值分別在指標的座標上形成一個點。連接無數個這樣的點位後，就形成一個完整、能反映價格波動趨勢的 KDJ 指標。

隨機指標的計算公式和理論，是在先前產生的未成熟的隨機值 RSV 基礎上得來的。n 日的 $RSV = (Ct - Ln) \div (Hn - Ln) \times 100$，其中，公式中的 Ct 是指當天的收盤價，Hn 和 Ln 是指最近 n 日內出現的最高價和最低價，包括當天。

將 RSV 數值進行指數平滑處理，就可以得到 K 值：今日 K 值＝ $2/3 \times$ 昨日 K 值＋ $1/3$ 今日 RSV 值。其中，公式中的 1/3 是平滑因數，是可以人為選擇的。對 K 值進行指數平滑，得到 D 值。

BOLL 指標：廣泛應用的熱門指標

BOLL 指標又稱布林通道指標，其英文全稱是「Bollinger Bands」，由約翰・布林（John Bollinger）所創造，利用統計學原理，求出股價的

標準差及其信賴區間，從而確定股價的波動範圍以及未來走勢。圖 3-17
所示為布林通道指標在盤面中的表現。

圖 3-17　布林通道指標（BOLL）

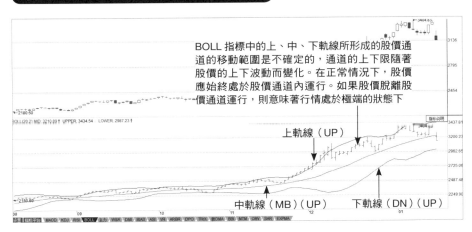

BOLL 指標中的上、中、下軌線所形成的股價通道的移動範圍是不確定的，通道的上下限隨著股價的上下波動而變化。在正常情況下，股價應始終處於股價通道內運行。如果股價脫離股價通道運行，則意味著行情處於極端的狀態下

上軌線（UP）

中軌線（MB）（UP）　　下軌線（DN）（UP）

　　布林通道指標是利用波帶顯示股價的安全高低價位，因此稱為布林
通道，其上限範圍不固定，隨著股價的滾動而變化。當股價漲跌幅度加
大時，帶狀區變寬；當漲跌幅度減小時，帶狀區變窄。因其靈活、直接
和趨勢性的特點，布林通道指標已成為市場上廣泛應用的熱門指標。

　　布林通道指標的計算方法如下。
- 中軌線＝ n 日的移動平均線＝ MA（n）
- 上軌線＝中軌線＋兩倍的標準差
- 下軌線＝中軌線－兩倍的標準差
- MA（n）＝ n 日內的收盤價之和 /n
- 標準差（MD）＝平方根 n 日的（C － MA）的兩次方之和除以 n

在布林通道指標中，股價通道的上下軌是顯示股價安全運行的最高價位和最低價位。上軌線、中軌線和下軌線都可以對股價的運行發揮支撐作用。而上軌線和中軌線，有時則會對股價的運行產生壓力作用。

當布林通道的上、中、下軌線幾乎同時處於水平方向橫向運行時，則要看股價目前的走勢處於什麼樣的情況來判斷。

MACD 指標：方便閱讀的線圖

MACD 指標指「平滑異同移動平均線」，是從雙移動平均線得來，由快的移動平均線減去慢的移動平均線計算而來。MACD 比單純分析雙移動平均線的差閱讀起來方便快捷。圖 3-18 所示，為平滑異同移動平均線在盤面中的表現形式。

圖 3-18　平滑異同移動平均線（MACD）

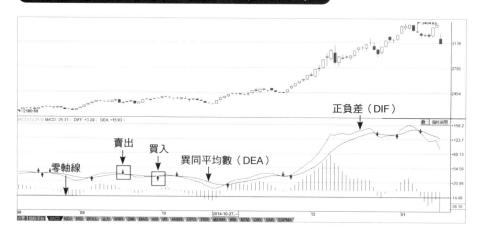

MACD 由正負差（DIF）和異同平均數（DEA）兩部分組成。

(1) **正負差（DIF）**：DIF 是快速平滑移動平均線與慢速平滑移動平均線的差，快速和慢速的區別，在於進行指數平滑時採用的參數的大小不同，短期的移動平均線是快速的，長期的移動平均線是慢速的。

(2) **異同平均數（DEA）**：DEA 作為輔助是 DIF 的移動平均，也就是連續的 DIF 的算術平均。

- DIF 向上突破 DEA 時，是買入訊號。
- DIF 向下跌破 DEA 時只能認為是回檔，應獲利了結。
- DIF 和 DEA 均為正值時，屬於多頭市場。
- DIF 和 DEA 均為負值時，為空頭市場。
- DIF 向下突破 DEA 時，是賣出訊號。
- DIF 向上突破 DEA 時，只能認為是反彈。

專家心法

　　在繪製的圖形上，DIF 與 DEA 形成了兩條快慢移動平均線，買進賣出訊號也就決定於這兩條線的交叉點。很明顯，週 K 線 MACD 指標對中長線轉折的判斷準確性較高，可以作為中長線投資人的首選參考指標。

第 **4** 章

精通盤面走勢，就能抓住
股價上上下下的規律！

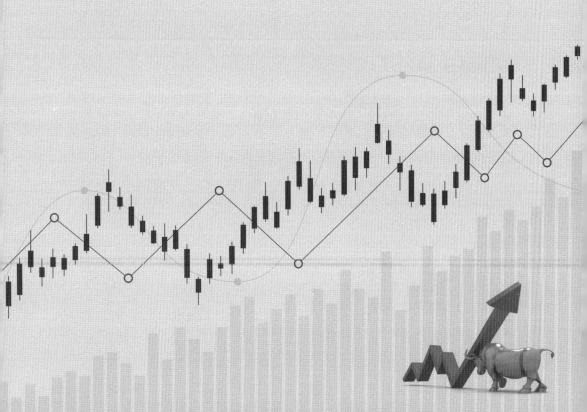

4-1
新手看盤基本知識：
大盤、內盤和外盤

對於每一位長期涉足股市的投資人來說，學會如何看盤、掌握看盤的方法和各種技巧，是一門極其重要的必修課。正確看盤可以提高預測股價趨勢的準確性，會直接影響人投資的成敗。

俗話說：「不要用分析的角度操盤，而要以操盤的角度分析。」因此，投資人在掌握了相應的技術分析知識後，可以把這些知識應用到盤面中，即經由股票分析軟體來分析大盤各種數據，再進行股票交易。

學會看大盤

大多數證券公司都在其營業大廳的牆上，裝置大型彩色顯示螢幕，螢幕顯示的就是平常所說的「大盤」。大部分是用不同的顏色，來表示股票的價格和前一天的收盤價相比漲還是跌，如圖 4-1 所示。

大盤多指「綜合指數」，也稱「大盤指數」。一般情況下，投資人把整個股市總的行情稱為大盤。影響股市行情的所有因素，最終都會在盤面上呈現，所以盤面是股市行情變化最真實的反映。

大盤開盤走勢分析

俗話說：「一日之計在於晨。」在股市中，開盤後的股價走勢對整天的影響非常重要。所謂開盤指的並不是一個點，而是一段時間的走

圖 4-1　證券公司的大盤螢幕

勢。由於開盤價是由集合競價產生的，所以其受到各種意外因素的影響比較大。集合競價具有重要的定性作用，它從整體上反映了多空雙方或做多或做空或不做的傾向，由此可以了解多空的基本意願。在具體操作中，主要是與昨日集合競價和收盤價相比，看開盤高低和量能變化。

因此，在開盤後一段時間內，股價會對不均衡的開盤價進行一段時間的修正，從而進入一個均衡時期，而觀察開盤的重點也集中在這半小時內。

大盤指數即時分時圖由買盤比率、賣盤比率、加權指標和不加權指標共 4 個部分組成。如圖 4-2 所示，正是 2015 年 1 月 19 日上證指數的大盤分時圖。

大盤的盤面反映出來的資訊非常多，但投資人不必緊盯著價格變動，看盤不是看「價」，而是看「勢」。價格只是一個表面現象，投資人需要從各種表面現象中找到股票的走勢，從中讀取對自己有價值的資訊。

圖 4-2　上證指數的大盤分時圖

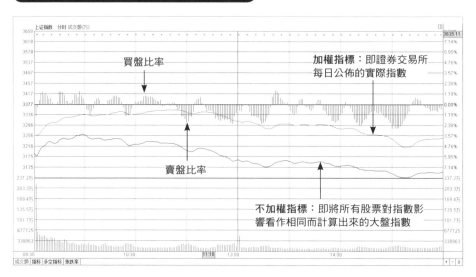

專家心法

　　紅綠柱線是股票買盤和賣盤的比率：紅線柱增長，表示買盤大於賣盤，指數將逐漸上漲；紅線柱縮短，表示賣盤大於買盤，指數將逐漸下跌。綠線柱增長，指數下跌量增加；綠線柱縮短，指數下跌量減少。

內盤、外盤的含義

　　股票軟體一般都有外盤和內盤資訊。打開個股即時走勢圖，在視窗的右邊就會顯示個股的外盤和內盤情況，如圖 4-3 所示。投資人可以經由對比外盤和內盤的數量大小及比例，從中發現當前行情是主動性的買盤多，還是主動性的賣盤多，這是一個較有效的短線指標。

　　「外盤」和「內盤」相加即為成交量，分析時由於賣方成交的委託納入「外盤」，如「外盤」很大，意味著多數賣的價位都有人來接，顯

圖 4-3　內盤外盤的含義

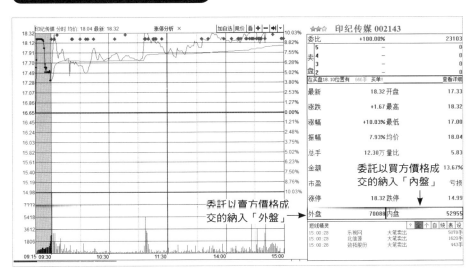

示買勢強勁；而以買方成交的納入「內盤」，如「內盤」過大，則意味著大多數的買入價都有人願意賣，顯示賣方力量較大；如內外盤大致相當，則買賣方力量相當。

專家心法

　　投資人在使用外盤和內盤時，要注意結合股價在低位、中位和高位的成交情況，及該股的總成交量情況進行觀察。因為外盤、內盤的數量並不是在所有時間可作為判斷依據，許多時候外盤大，股價並不一定上漲；內盤大，股價也並不一定下跌。

看盤技巧1：
盤面內容分析

「盤面」是在股市交易過程中，看盤觀察交易動向的俗稱。學習盤面知識很重要，學會盤面分析、判斷主力意圖，有利於在股市中持續地獲利。

買盤和賣盤

即時盯盤的核心是觀察買盤和賣盤，掌握買盤或者買盤的性質，就能先發制人。股市中的主力經常在此掛出巨量的買單或賣單，然後引導股價朝某一方向走，並時常利用盤面掛單技巧，引誘投資人做出錯誤的買賣決定，如圖 4-4 所示。

因此，注重盤面觀察是即時盯盤的關鍵，可以更有效地幫助投資人發現主力的一舉一動，從而更好地把握買賣時機。

主動性買盤成交的為外盤，主動性賣盤成交的為內盤。其實內外盤並不能反映真正的買賣盤力量，成交的買盤量和成交的賣盤量一定是相等的，內外盤之和等於總的成交量。

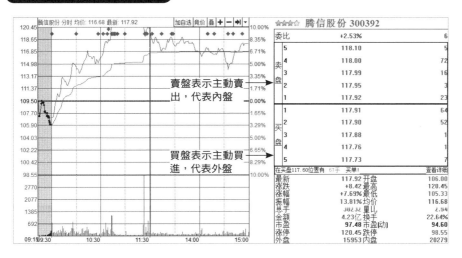

圖 4-4　買盤和賣盤

關注開盤後的漲跌停板情況

　　證券市場中，交易當天股價的最高限度稱為漲停板，漲停板時的股價稱為漲停板價。投資人在看盤時，一定要關注開盤後股票漲跌停板情況，如圖 4-5 所示。

　　開盤後漲跌停板的情況，會對大盤產生直接的影響。在實行漲跌停板制度後，可以發現漲跌停板的股票，會對與其有相近性的股票產生助漲與助跌的作用。

　　例如，大盤開盤後某檔生物醫藥股漲停板，在其做多示範效應影響下，其他的與其相近的或者有可比性的股票，會有走強的趨勢；反之亦然。

圖 4-5　股票漲跌停板情況

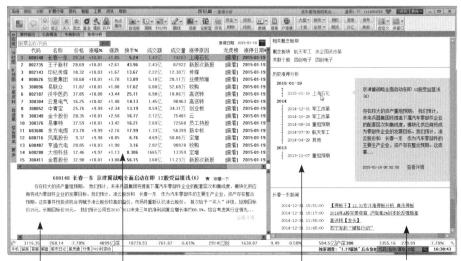

漲停個股預測　　漲停個股列表　　　　　　　漲停歷史分析　　　漲停個股資訊

影響當日股價的重要時間點

　　無論對於個股還是大盤，開盤都為當天的走勢定下了基調，其重要性不言而喻，因此必須掌握開盤看盤技巧。

　　一般來說，股票的開盤價是上一交易日股票價格的延續，但是受政策面、消息面或其他因素刺激，會出現明顯的高開或低開。一般情況下，如果大盤指數低開，而某一股票跳空高開，則這檔股票當日走勢會強於大盤；相反，則該股走勢將弱於大盤。

　　開盤價高低反映多空兩方的力量，但是如果個股有資金的炒作，或是主力的控盤，也可能是為影響投資人的心理，所製造出與實際相反的假像。

　　例如，一些投資人常常忽視集合競價對於大盤走勢的影響力。事實上，集合競價的意義在於按供求關係校正股價，可初步反映出價、量情

況及大戶進出動態。在無新股上市的情況下，集合競價往往反映出市場對當天走向的看法。因此，投資人最好應將當天集合競價的成交量記載下來，從集合競價中發現大盤變化的趨勢，如圖 4-6 所示。

圖 4-6　從集合競價中發現大盤變化的趨勢

平開 ▶ 表示市場與上一交易日收盤結果一致，暫時認同上一交易日的收盤價，多方和空方處在平衡狀態中，沒有明顯的上攻和下跌的方向，主力機構的真實意圖只有在盤中交易時才能表露出來

低開 ▶
- 表示當日大盤開盤指數低於前一天收盤指數，後面的走勢要根據具體情況去分析，看是主力機構出貨，還是多方有意打壓股價建倉或洗盤（製造股價疲軟假像，令意志不堅者放棄持股）
- 如果股價在底部（某一時段內相對低位）跳空低開，表示市場轉暖，低開很可能是主力機構在建倉和洗盤，此時往往反而是抄底進貨的良機

高開 ▶
- 表示當日開盤價高於前一交易日收盤價，顯示出人氣旺盛，至於是否決定買入，還要看股價在中長期趨勢的位置
- 如果股價處於底部，突然跳空高開，且幅度較大，表示有人搶籌碼，這時應該果斷地按照計畫做多；如果股價高開過多，使前日買入者獲利豐厚，則容易造成過重的獲利回吐壓力，此時就應謹慎行事

4-3

看盤技巧2：
重要時間點分析

　　每個交易日的交易時間有 4 個小時，可以將其分為開盤、中盤、尾盤 3 個階段，並且每個階段都有其相應的操作技巧。

開盤看盤技巧

　　開盤後半小時，即 9：30 ～ 10：00 為開盤時間，如表 4-1 所示。開盤價通常有高開、平開和低開 3 種情況，在大盤上升途中或下降途中的高開或低開，一般有維持原趨勢的意味，即上升時高開看好，下跌時低開看空。

中盤看盤技巧

　　中盤時間是指上午 10：00 ～ 11：30 與下午 13：00 ～ 14：30，總計 3 個小時。經過開盤對前一天收盤及消息面的反映和調整後，股市進入中盤階段，此時的看盤技巧如表 4-2 所示。

　　在中盤過程中，臨近休盤和午後復盤承前啟後，是應重點關注的時間段。上午休市前的走勢一般具很大的參考性，若大盤處於升勢，上午收於高點，表明人氣旺盛，行情向好；反之，若大盤處於跌勢，上午收於低點，表明人氣低迷，行情向淡。

　　在下午復盤後的關注重點就在於，如果有投機性的投資人買盤進

表 4-1　開盤後 30 分鐘的走勢

開盤時間	盤面特徵	走勢分析
9：30 ～ 9：40	此時是多空雙方極為關注的時段，當然也是投資人最應留心的時段。這10分鐘之所以重要，是因為此時參與交易的投資人數量不多，盤中買賣量都不是很大，因此用不大的資金量即可達到目的，花錢少，效益大	開盤第一個10分鐘的市場表現，有助於正確地判斷市場走勢的強弱 (1) 強勢市場：多方為了充分進貨，開盤後會迫不及待地買進；而空方為了完成出貨，也會故意拉高，於是造成開盤後的急速衝高 (2) 弱勢市場：多方為了吃到便宜貨，會在開盤時即向下打壓，而空頭也會不顧一切地拋售，造成開盤後的急速下跌
9：40 ～ 9：50	經過第一個10分鐘的搏殺，開盤後第二個10分鐘，多空雙方會進入休整階段	這段時間是買入或賣出的一個轉振點，一般會對原有趨勢進行修正 (1) 如空方逼得太猛，多方會組織反擊，抄底盤會大舉介入 (2) 如果多方攻得太猛，空方也會予以反擊，獲利盤會積極回吐
9：50 ～ 10：00	隨著交易者逐漸增多，多空雙方經過前面的較量，互相摸底，第三個10分鐘的買賣盤變得較實在，因此可信度較大	這段時間的走勢，基本上可成為全天走向的基礎。投資人應充分關注這段時間量價的變化，為自己的決策做好準備

表 4-2　中盤走勢分析

大盤階段	具體分析
多空搏鬥階段	開盤並進入中盤第一階段時，多空雙方已結束初步試探動作，要進行第一波爭鬥，這時投資人需要謹慎判斷，不要輕易出手
多空決勝階段	多空雙方在經過了激烈的搏鬥之後，勝負已逐漸明朗，如果多方獲勝，就會把股價不斷抬高，反之如果空方佔優勢，那麼股價將會持續走低
多空強化階段	獲勝一方將會乘勝追擊，擴大戰果，穩固勝利果實，盤中局面將出現一邊倒

場，那麼大盤走勢可能會急劇衝高，即使出現回落也有向上趨勢，可以借此機會買入。如果指數幾乎不動，或者輕微上漲，幅度不大，那麼可能是主力故意拉高以掩護出貨。

這時看盤，有一個問題十分重要，就是要把休盤前和復盤後的走勢，作為研判下午走勢的一個整體，相互印證。

總之，中盤就是多空雙方進行博弈的一個戰場，所以要密切注意觀察，根據實際情況，合理選擇最好的時機，進行短線獲利。

尾盤看盤技巧

尾盤不僅對當日多空雙方交戰具有總結作用，而且還決定次日的開盤。所以，股票市場波動最大時間段是在臨收市半小時左右，此時股價常常異動，是主力取巧操作的典型手法。

尾盤的重要性，在於它是一種承前啟後的特殊位置，既能回顧前市，又可預測後市，可見其在操作中的地位重要性非同小可，因此尾盤效應需要投資人格外重視。尾盤比較常見且具有較高分析研判價值的走勢有兩種，即「尾盤拉高」和「尾盤跳水」，如圖4-7所示。

投資人需要注意的是，尾盤只是全天股市走勢的一部分，僅僅根據尾盤看盤作出決策是有局限性的：一方面，盤面的變化是否有消息影響無法確定，跟風出錯難免造成虧損；另外，過於看重尾盤炒作技巧，容易使人目光短淺，常常為蠅頭小利而搏殺。

因此，從尾盤走勢得到的資訊要和全天開盤、中盤得到的資訊進行結合，並和大盤中長期走勢結合起來，才能獲得預期收益。

圖 4-7　尾盤看盤技巧

尾盤拉高

特徵：股價在臨近收市前的較短時間內，突然出現一波放量的極速拉升，在K線圖上畫出一根放量上漲的大陽線，或使得該股在當日出現上漲

分析：如果個股處於歷史高位附近，投資人應謹慎對待，隨時準備賣出；如果個股處於歷史低位，且漲幅不大，投資人則可以實施追漲操作

尾盤跳水

特徵：股價全天走勢比較平穩，但在臨近收市前的30分鐘或45分鐘內，突然出現大幅下跌行情，股價在快速下跌中，成交量也有所放大，顯示市場帶有一定的恐慌性拋售成分

分析：投資人需要研判行情是否屬於空頭陷阱，可以從消息面、資金面、宏觀基本面和市場人氣等方面，進行分析和研判

專家心法

　　特殊尾盤的處理方法如下。

● 如果尾盤多方大力上攻，攻勢太猛的狀況下修正反彈，但臨時又被空頭故意打壓，使大盤收於最低點，次日以平開或低開方式開盤，就意味著仍是一個下跌走勢。

● 如果尾盤形成明顯趨勢，而且最後 10 分鐘放量上漲，說明短線資金入市，次日應以高開方式開盤後，空方的賣盤便將於趨勢之中打壓。

4-4

看盤技巧 3 ：
盤面特殊動向分析

想用大資金大賺，就要發現趨勢並引導趨勢；想穩健地賺錢，就要控制對手，並擊敗對手盤，也就是操盤。因此，學會觀察盤面特殊動向，是投資人應掌握的技巧。

經由上壓板和下托板看主力意圖

大量的委賣盤掛單俗稱「上壓板」，大量的委買盤掛單俗稱「下托板」。無論上壓還是下托，其目的都是為了操縱股價、誘人跟風，且股票處於不同價區時，其作用是不同的，如圖 4-8 所示。

圖 4-8 由上壓板和下托板看主力意圖

- 當股價處於剛啟動不久的中低價區時，主動性買盤較多，盤中出現了下托板，往往預示著主力做多意圖，可考慮介入跟著主力
- 若出現了上壓板而股價卻不跌反漲，則主力壓盤吸貨的可能性偏大，往往是大幅漲升的前兆

- 當股價升幅已大且處於高價區時，盤中出現了下托板，但走勢卻是價滯量增，此時要留意主力誘多出貨
- 若此時上壓板較多，且上漲無量時，則往往預示頂部即將出現，股價下跌

很多時候，大資金時常利用盤面掛單技巧，引誘投資人作出錯誤的買賣決定，委買賣盤常失去原有意義。例如，主力有時刻意掛出大的賣盤動搖持股人的信心，但股價反而上漲，充分顯示主力刻意示弱、欲蓋彌彰的意圖。因此，注重盤面是關鍵，這將使投資人有效地發現主力的一舉一動，從而更好地把握買賣時機。

連續出現的單向大買賣單

在研判與識別主力的動向時，通常都會關注成交量、換手率這兩個重要概念，這部份已經有越來越多的投資人能掌握。如果盤面出現連續的單向大買單，這一定是主力的行為，因為中小投資人是做不到的，而大戶也大多不會如此輕易買賣股票。

這些操作可能會誘導投資人做出錯誤的買賣，達成主力建倉或者出貨的目的。大買賣單出現時，主力可能會有兩種意圖，如圖 4-9 所示。

圖 4-9　連續出現的單向大買賣單分析

出現大買單	● 在下降行情的末期，主力大買單進貨建倉 ● 在上漲一段時間後出現，主力拉升股價，吸引投資人買入股票，達到主力出貨的目的，這種大買賣單並不一定能夠成交
出現大賣單	● 如果在上漲途中出現大賣單，這很可能是主力的洗盤行為，將跟風的投資人洗出場，然後快速拉升股價 ● 如果是在行情末期出現大賣單，這是主力在打壓式出貨，此種出貨方式兇狠並且快速

大買單數量以整數居多，但也可能是零數，但不管怎樣都說明有大資金在活動。大單相對掛單較小，且成交量並不因此有大幅改變，一般多為主力對敲所致。成交稀少的較為明顯，此時應是處於吸貨末期，進行最後打壓吸貨之時。大單相對掛單較大，且成交量有大幅改變，是主力積極活動的徵兆。如果漲跌相對溫和，一般多為主力逐步增減碼所致。

掃盤與隱性買賣盤

在漲勢中常有大單從天而降，將賣盤掛單連續悉數吞噬，即稱「掃盤」。在股價剛剛形成多頭排列且漲勢初起之際，若發現有大單一下子連續橫掃了多筆賣盤時，則預示主力正大舉進場建倉，此時是投資人跟進的絕好時機。

廣義的掃盤在委託額圖表裡，為藍線的迅速下降，它的市場涵義是在上方的委賣額在短時間內迅速「吃掉」。

在買賣成交中，有的價位並未在委買賣掛單中出現，卻在成交一欄裡出現了，這就是「隱性買賣盤」，其中經常蘊涵主力的蹤跡。單向整數連續隱性買單的出現，而掛盤並無明顯變化，一般多為主力拉升初期的試盤動作，或出貨初期鼓動追漲跟風盤的啟動。

專家心法

一般來說，上有壓板，而出現大量隱性主動性買盤（特別是大手筆），股價不跌，則是大幅上漲的先兆。下有托板，而出現大量隱性主動性賣盤，則往往是主力出貨的跡象。

無徵兆的大單

一般無徵兆的大單，多為主力對股價運行狀態實施干預所致，如果是連續大單個股，現行運作狀態有可能被改變。如不連續，也不排除是資金大的個人大戶或小機構所為，其實際判斷意義不大。

投資人能不能抓住這種機會，關鍵取決於兩個方面，如圖 4-10 所示。其實，股市裡的操作方法很多，並不是只有簡單基本面分析和技術分析，操作手段有時更加重要。

圖 4-10　抓住投資機會的關鍵

 投資人有沒有賺錢的能力 ➡ 股市需要高智商的熟練操作，很多方面與棋類選手非常相近，如果沒有一定的天賦和不斷的實踐，很難在非強勢市場獲得較高收益

 投資人有沒有賺錢的欲望 ➡ 一般人在一生中發揮的能量，只是其潛能的一小部分，主要是因為大多數人缺乏開拓能量的動力和欲望

專家心法

當股價處於低位，買單盤面中出現層層大買單，而賣單盤面只有零星小單，但突然盤中不時出現大單吃掉下方買單，然後又快速掃光上方賣單，此時可理解為「吸貨震倉」。

「吸貨震倉」是主力吸貨＋出貨階段。通常，出貨的目的有兩個：洗盤拿籌碼、攤低成本。此階段的交易策略應靈活掌握，若是短暫洗盤，投資者可持股不動；若發現主力進行高位旗形整理洗盤，則洗盤過程一般要持續 11 ～ 14 個交易日，則最好先逢高出貨，洗盤快結束時，再逢低進場也不遲。

4-5

看盤技巧 4：
各種分時盤面分析

分時走勢圖不僅可以分析股票的買賣點，也可以預測股價短期內的走勢，下面就來對幾種經典的分時走勢盤面進行分析。

低開分時走勢盤面

低開分時走勢盤面有以下兩種情況。

1. 低開低走盤

低開低走是股市用語，是 K 線走勢的一種形態。簡單說就是：開盤價低於昨日收盤價，然後開始往下落，且在整個交易日中股價持續下跌，收盤時收盤價也低於昨日收盤價。在分時圖中表現為左高右低的形態，如圖 4-11 所示。

根據低開低走分時出現的位置不同，可以將其分為兩種情況，一種是低位低開低走分時圖；另一種是高位低開低走分時圖。

(1) **低位低開低走**：主力在洗盤或者試盤時期，股價階段性的低位出現低開低走分時圖，此時投資人可以繼續觀望。

(2) **高位低開低走**：股價階段性的在高位出現低開低走形態，這種情況有可能是主力要出貨了，此時投資人應謹慎操作。在高位股價低開低走通常表明下行力量或形成，持有的投資人可以適當減碼，短期內可能有下行的趨勢。

2. 低開高走盤

低開高走簡單說就是：開盤價低於上一交易日收盤價，而收盤時收盤價卻高於上一交易日收盤價。在分時圖上的表現為，成交價線和平均價線都形成左低右高震盪上升的曲線，如圖 4-12 所示。

圖 4-11　低開低走盤

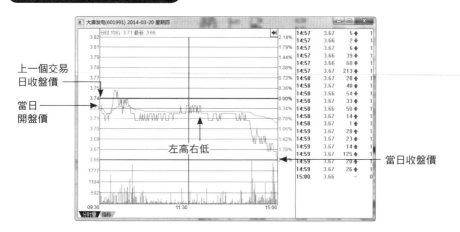

圖 4-12　低開高走盤

　　由於股價容易受消息影響，開盤時在人們普遍預期不好或有大利空消息時，開盤容易低開；但經過情況好轉或利多消息傳來，股價回升高於開盤價，形成低開高走。若個股探底回升的幅度超過跌幅的 50%，則短期內上漲概率較大，投資人可在交易日的收盤價上掛單買進。

高開分時走勢盤面

　　高開分時走勢盤面有兩種情況，分別是「高開低走盤」和「高開高走盤」。

1. 高開低走盤
　　高開低走與低開高走剛好相反，是指股價指數在前一交易日收盤價格以上開盤，隨著交易的進行，股價指數不斷下跌，整個交易日都呈現下跌趨勢，並且跌破上一個交易日的收盤價，在分時圖上表現出左高右低震盪向下的曲線，如圖 4-13 所示。

　　根據高開低走分時出現的位置不同，可以將其分為以下兩種情況。

(1) **低位高開低走**：若股價在階段性低位出現高開低走分時圖，則股價繼續下跌的空間有限，投資人可在此時採取逢低買進的投資策略。

(2) **高位高開低走**：若股價在階段性高位出現高開低走分時圖，則股價即將見頂，上漲的可能性不大，投資人可考慮在近期內逢高賣出。

2. 高開高走盤
　　當日交易的開盤價格高於昨日收盤價格，然後隨時間推移，一路上揚，這種走勢通常稱為高開高走，如圖 4-14 所示。這種情況一般出現在重大利多的情況下，市場信心大幅提升。

　　根據高開高走分時出現的位置不同，可以將其分為以下兩種情況。

(1) **低位高開高走**：如果股價在階段性低位出現高開高走分時圖，

則主力誘空的嫌疑比較大，投資人可等待股價出現新低之後再買進。

(2) **高位高開高走：**如果股價在階段性高位出現高開高走分時圖，則股價已經見頂，上漲的可能性不大，投資人需及時逢高賣出。

圖 4-13　高開低走盤

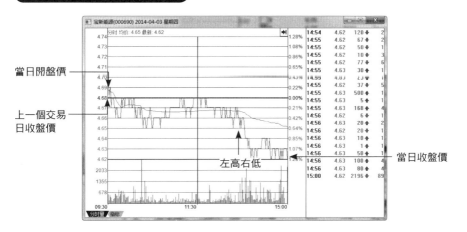

圖 4-14　高開高走盤

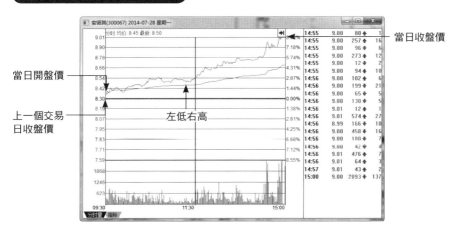

第 5 章

會買比會賣重要：
教你在低價買入「抄底」！

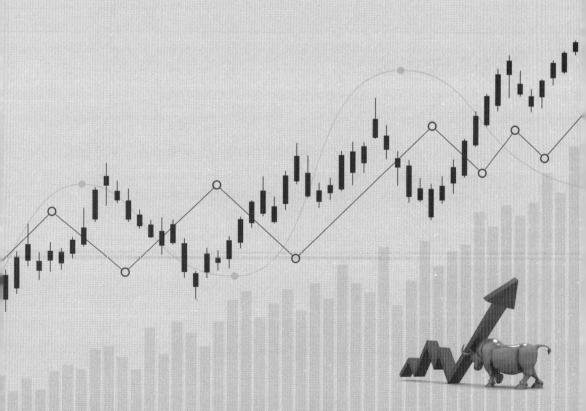

5-1

底部有3種，短期底部最常見

　　股票投資人都希望能在低位低價買入，所謂低位就是一個局部的底，能夠找到並在這個底買入，就稱為抄底。股票抄底是指以某種估值指標衡量股價跌到最低點，尤其是短時間內大幅下跌時買入，並預期股價將會很快反彈的一種操作策略。

　　根據股價底部的重要程度、跨越的時間長短，底部可分成短期底部、中期底部與長期底部，本節將分別進行介紹。

短期底部的特徵

　　長期底部出現的次數有限，往往數年難以遇到一次；中期底部出現的次數較多，但一般一年也能遇到一次。因此，投資人在日常操作中最常見的是短期底部，包括大盤的短期底部與個股的短期底部。短期底部具有兩個顯著特徵，如圖 5-1 所示。

　　投資人只要把握這種規律，便可長期追蹤部分股票，滾動操作、來回獲利。由於個股的波動不會與大盤完全一致，即使大盤處在高位區，也會出現個股的短期底部，因此，把握短期底部的特徵，並適時介入，有利於投資人享用「股市速食」。

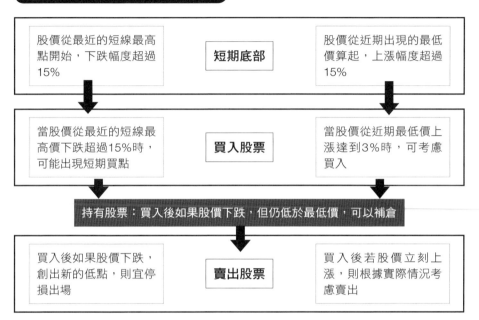

圖 5-1　短期底部炒股技巧

	短期底部	
股價從最近的短線最高點開始，下跌幅度超過15%		股價從近期出現的最低價算起，上漲幅度超過15%

	買入股票	
當股價從最近的短線最高價下跌超過15%時，可能出現短期買點		當股價從近期最低價上漲達到3%時，可考慮買入

持有股票：買入後如果股價下跌，但仍低於最低價，可以補倉

	賣出股票	
買入後如果股價下跌，創出新的低點，則宜停損出場		買入後若股價立刻上漲，則根據實際情況考慮賣出

專家心法

　　短期底部的炒股方法，特別適合以下 3 種股票。
1. 剛剛上市的新股。
2. 因利空消息快速下跌的個股。
3. 強勢股上升途中的快速洗盤。

中期底部的特徵

　　中期底部是由於股價經過長期下跌之後，由於利多消息產生的時間較長、升幅較大的上升行情的轉捩點。中期底部是進場良機，底部一旦確立，中期將呈現穩步上揚態勢，中線黑馬往往借勢展開主升段行情，

短線機會也將紛紛湧現，此時買股贏多輸少，即使短線被套也可耐心等待解套獲利。

中期底部可能會出現各種形態，其中雙重底和頭肩底出現的可能性稍大些，如圖 5-2 所示。中期底部一般在跌勢持續時間較長（兩個月以上）、跌幅較深（下跌 25% 以上）後出現，股價在到達中期底部之前，往往會有一段幅度不小的急速下跌。

從市場見底的過程來看，往往是先突破「心理底」、再去尋找「估值底」、接著出現「政策底」，最後才會誕生「市場底」。大盤中期見底之後的上升過程，市場人士會把這一行情當作一輪多頭市場的開始，而這種想法往往能使中級行情演變為一場大行情。

圖 5-2　中期底部及特徵

雙重底又稱 W 底，一般在股價下跌到低位出現，其走勢大致形成 W 形，該形態是一個後市看漲的見底反轉形態

大盤中期見底之後，會有一個歷時較長、升幅較大的上升行情，但在上升行情中也會出現回檔整理

長期底部的特徵

　　大多數個股的長期底部和大盤的走勢是一致的，如果大盤不好，個股也難有作為。當然也有不少逆市而動的個股，長線投資人在介入處於底部的個股時，也應考慮整個大盤的狀況，更謹慎地規避風險。

　　當股價經過長時間和大幅度的下跌後，空方力量逐漸衰竭，下跌動力明顯不足，此時，股價開始在一定幅度的價位區內橫向波動，成交量顯著萎縮，多空力量在悄悄地發生轉化。雖然有些先知先覺的投資人、主力機構不動聲色地進貨建倉，但此時成交並不活躍，股市仍然低迷不振。這是黎明前的黑暗，中長期底部就在眼前，如圖 5-3 所示。

圖 5-3　長期底部趨勢分析

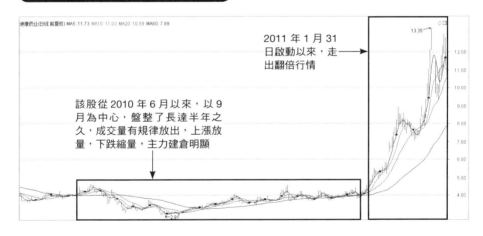

　　由此可見，中長期底部一般具有以下特徵。

(1) 前期有明顯下跌趨勢：中長期底部區總是在股價經過大幅下跌之後形成，亦即形成底部之前，必須有明顯的下跌趨勢，否則就稱不上底部。下跌幅度越深、時間越長，後市上升的空間就

越大、持續的時間就越長。

(2) **低位橫盤時間較長：**個股中長期底部橫盤持續的時間較長，且成交量極度萎縮。主力為了在低位吸到足夠的廉價籌碼，往往故意讓股價在低位橫盤，使構築底部的時間延長。

(3) **投資人被深深牢套：**大盤處於中期或長期底部往往很少有獲利盤，此時，投資人對個股失去了信心，媒體和股評人士一片看空之聲，利空傳言滿天飛，人為製造恐慌氣氛，可是股價卻跌不下去了。

(4) **市場聚集反轉的能量：**多項技術指標處於嚴重超賣區域或底背離狀態，技術上已經具備了反轉的條件。最後下跌的板塊往往是績優股和指標股。

此時，做中長線的投資人也不再看好個股，而紛紛拋售績優股，主力機構也打壓指標股，致使大盤深幅下跌。至此，從大型股到中小型股，從垃圾股到績優股，該下跌的板塊全都都跌到無可再跌，形成反轉趨勢。

抄底的技巧

股票價格上漲後賺錢的機會大概分為兩類，一類是上市公司逐漸成長起來的，另一類是股價下跌跌出來的。目前，投資人主要獲利機會在於「跌出來」，眾多股票投資機會都屬於後者，即所謂的「抄底」。

但是，投資人要經由抄底在「混水中覓得真金」，不僅需要「火眼金睛」，同時也要注意操作節奏的把握，如圖 5-4 所示。

圖 5-4　抄底注意事項

快進快出、低買高賣做差價

調整前的熱門股適合於做價差，投資人可以賺了就走，迅速退出。有些板塊在股價連續下挫的過程中跌幅較小，主要原因是在此之前介入該板塊的資金集中，主力在市場多變的情況下難以抽身而出。因此這些個股在大盤止穩後將有發力上衝的機會，越是換手充分的股票，反彈的力度也最大

多關注成交量放大的抗跌股

在逆勢中，那些放量不跌的個股中明顯有主力護盤的因素，在目前股價已是主力覺得較為關鍵的位置，因此只得不遺餘力地護盤，以求保持形態的完好，以利於今後的拉升

切勿貪戀逆勢上漲的個股

逆勢逞強的個股通常有實力較強的主力把控，並已達到了控盤自如的程度。然而這些股票卻容易成為反彈中的弱勢股，導致匆忙介入的投資人不僅得不到期望的收益，反被套牢

5-2

用 K 線形態和均線學抄底

　　技術分析的 4 要素是量、價、時、空。在實際的投資過程中，「價格」是投資人最看重的，也是股市中最敏感的話題。**價格有很多表現形式，最直接的就是經由 K 線分析。而均線，表示的則是股價的運行趨勢。**長期均線表示長期趨勢，中期均線表示中期趨勢，短期均線表現短期趨勢。

　　本節將介紹利用 K 線和均線抄底的技巧，幫助投資人釐清價格分析的要點和難點。

用 K 線形態學抄底

　　K 線形態分為轉折形態與中繼形態兩種。表示轉折的形態有頭肩底（頂）、W 底、M 頭、圓弧底（頂）等。表示中繼的形態有三角型、矩型（箱體）、喇叭型等。轉折形態在趨勢的底部與頂部出現，而中繼形態則是在行情運行過程中出現的。因此，想要抄底進入的投資人，必須掌握轉折形態的 K 線圖。

　　轉折形態通常出現在行情的底部和頂部，用於預示股價走勢將發生逆轉。如圖 5-5 所示，為頭肩底轉折形態。

圖 5-5　頭肩底轉折形態

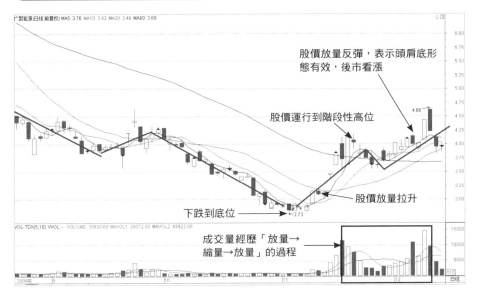

股價放量反彈，表示頭肩底形態有效，後市看漲

股價運行到階段性高位

股價放量拉升

下跌到底位

成交量經歷「放量→縮量→放量」的過程

專家心法

　　頭肩底（Head and Shoulders Bottom）一般出現在股價下跌的低位，股價在下跌到低位後反彈形成左肩，隨後股價反彈受阻回落創新低後，形成頭部。當股價上漲到上次反彈高位附近受阻回落，並在第一次股價下跌低位附近止跌止穩時，後市股票上漲突破阻力線（頸線）形成頭肩底形態。出現該形態後後市股價將上漲，可視為行情見底反轉訊號。

1. 在回測頸線位時買入，適於穩健型投資人，但如果遇到走勢強勁的黑馬股，往往突破之後不做回測，可能會因失去機會而令人失望。
2. 在突破頸線位當天收市前買入，適於進取型投資人，但由於追進價較高，可能要承擔回測時暫時套牢，也可能是無效突破而高位套牢的風險。
3. 更為大膽的投資人為獲取更人利潤，往往在「頭肩低」的右肩形成中即開始建倉，也就是根據一般情況下形態對稱的特性，在右肩接近左肩低點時買入。

用均線學炒底

常言道：「底部進場，不贏也難。」道理很簡單：當市場、個股處於底部時，價格更便宜，估值更低、更合理，系統性風險也很小，賺錢也就更有保證。因而，在底部買入，尤其是抄到市場由熊轉牛的大底，或中期階段性大底，是所有市場投資人都夢寐以求的。

不過，能夠抄到短期底部的人不少，而真正能抄到中長期大底的人卻不多。抄到中長期底部，需要能比較準確地預測和判斷底部。這不僅需要具備豐富的操作技巧和經驗，還要有科學實用的抄底方法。

其中，利用均線抄底是一種不錯的方法。均線是股價移動平均線，是對收盤價的移動平均，即它會隨價格變化而變化，其參數不同代表的市場意義也不同。

例如，在下跌行情末期，中長期均線下跌走平，短期均線急速向上運行形成黃金交叉，股價從均線下方向向上突破，則視為買入訊號，如圖 5-6 所示。

圖 5-6　利用均線炒股技巧

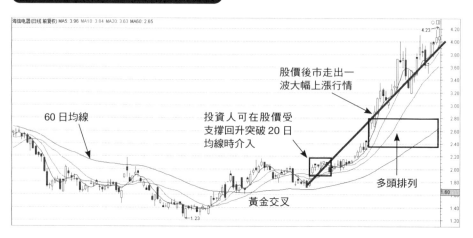

專家心法

　　黃金交叉是指是由一根時間短的均線，在下方向上穿越時間長一點的均線，然後這兩根均線方向均朝上，則此均線組合為「均線黃金交叉」，反之為「均線死亡交叉」。

　　一般情況下，黃金交叉為買進訊號，死亡交叉為賣出訊號，同時要結合均線系統的組合時間週期，來判斷是短線買賣還是中線波段買賣。特別需要注意的是均線交叉之後的兩根均線的方向，如果不是一致朝上或者朝下的，那就是普通的均線交叉，而不是黃金交叉或死亡交叉了。

　　多頭排列就是日線在上，以下依次短期線、中期線、長期線，表示了過去買進的成本很低，做短線的、中線的、長線的都有賺頭，市場一片向上，這便是典型的牛市。其中，多頭排列代表多方（買方）力量強大，後市將由多方主導行情，此時是中線進場的機會。

5-3

分析量價關係學抄底

　　股票的量價關係，是預測股市運行趨勢量能的重要依據，它可以幫助投資人更準確地把握買賣時機。成交量是研判股市行情的重要依據，它可以反映股價走勢的強弱，及主力操盤的痕跡。投資人經由對成交量的分析，能幫助提高判斷的準確性。

　　股價的漲跌需要量的配合才能實現，根據量和價的變化，投資人可以判斷出大盤的走勢。例如，在上漲行情初期，股價在前期的下跌過程中累積了大量的套牢盤，主力要介入，首先會經由一個橫盤整理的階段，將浮額清理出場，以減輕後市的操盤難度。當股價有效突破盤整向上運行創新高後，行情見底回升上漲，如圖 5-7 所示。

　　雖然說成交量比較容易做假，例如控盤主力，常常利用廣大散戶對技術分析的一知半解，在各種指標上做文章。然而市場就是各方力量相互作用的結果，因此成交量仍是最客觀的要素之一。

　　同理，成交必然是一部分人看空後市，另外一部分人看多後市，造成巨大的分歧，又各取所需，才會成交。因此，成交量的形態變化，對行情研判也具有非常大的參考價值。

圖 5-7　利用成交量炒股技巧

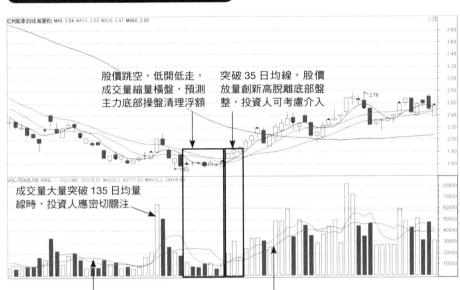

股價跳空，低開低走，成交量縮量橫盤，預測主力底部操盤清理浮額

突破 35 日均線，股價放量創新高脫離底部盤整，投資人可考慮介入

成交量大量突破 135 日均線時，投資人應密切關注

35 日均線　　　　　　　　135 日均線

專家心法

　　成交量的幾種形態如下。

1. 縮量：縮量是指市場成交極為清淡，大部分人對市場後期走勢十分認同，意見十分一致。

2. 放量：放量一般發生在市場趨勢發生轉折的轉捩點處，市場各方力量對後市分歧逐漸加大，在一部分人堅決看空後市時，另一部分人卻對後市堅決看好，一些人紛紛把股票賣出，另一部分人卻在大手筆買進。

3. 堆量：當主力意欲拉升時，常把成交量做得非常漂亮，成交量在 K 線圖上，形成了一個狀似土堆的形態，堆得越漂亮，就越可能產生大行情。

4. 量不規則性放大、縮小：這種情況一般是在沒有突發利多或大局基本穩定的前提下，某些主力在風平浪靜時突然放出歷史巨量，隨後又沒了後音，一般是實力不強的主力在吸引市場關注，以便出貨。

5-4

看出個股假突破來抄底

　　股票市場最常見的「騙線」有假突破一說，可以是向上假突破，也可以是向下假突破。對於抄底的投資人來說，可以利用前期低點的向上假突破，如圖 5-8 所示。

圖 5-8　利用前提低點的假突破

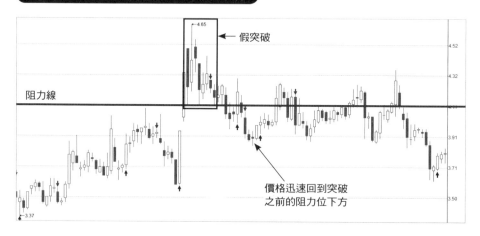

　　向上假突破的主要走勢為：當價格 K 線突破前期重要阻力後，短線出現一定程度的拉高。一般情形下，這種形態被認為新的上升空間打開，交易者可以進場做多，或在回測支撐線時進場。

　　然而，隨後的 K 線回測過於猛烈，導致價格迅速回到突破之前的阻力位下方，開始大幅反向運動並引發一輪跌勢，令短線買入者全部被套。

　　「突破」往往是股價還有上漲空間的表現，主力就利用這一投資人普遍的認識，在線圖上製造整理形態的向上突破，甚至還有價升量增的假像。但這種突破是假突破，尤其在相對頂部階段，其目的是吸引投資人跟進。

　　因此，出現假突破後，一般強勢行情並不能持續多久，幾日後往往會出現衝高回落的走勢，並同時放出巨大的成交量，這就意味著跳水動作的開始。出現這種情況時，投資人須能判斷出是假突破，並及時離場。

專家心法

　　「騙線」指大戶利用投資人們迷信技術分析數據、線圖的心理，故意抬拉、打壓股價，致使技術圖表形成一定線型，引誘投資人大量買進或賣出，這種欺騙性造成的技術圖表線型，即稱為「騙線」。本書 9-2 節中，將介紹更多股市中常見的股市交易陷阱。

5-5

用價值投資學抄底

對於投資來說，企業的價值就是未來創造的現金流，而價值投資（Value Investing）即是在未來現金流和現在市場價格之間套利。所以，真正的價值投資，就是尋找「能夠穩定持續地創造未來現金流」，且「未來現金流估值模糊」的優秀企業，從而在其中獲利。

在價值投資觀點中，市場並不總是有效的，在市場無效的時候（即出現連續暴漲、超跌）的時候，才是價值投資人的賣出和買入時機，如圖 5-9 所示。

圖 5-9 價值投資的基本原則

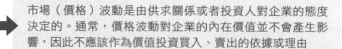

| 不將市場波動作為買賣依據 | 市場（價格）波動是由供求關係或者投資人對企業的態度決定的。通常，價格波動對企業的內在價值並不會產生影響，因此不應該作為價值投資買入、賣出的依據或理由 |

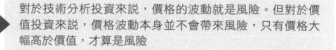

| 忽略價格波動甚至遠離市場 | 對於技術分析投資來說，價格的波動就是風險。但對於價值投資來說，價格波動本身並不會帶來風險，只有價格大幅高於價值，才算是風險 |

| 牛市賺錢，熊市賺股 | 價值投資人最希望看到的就是股市下跌的行情，因為股市越下跌，他們越能用更低的價格買入優質股票，並且具有了更大的安全邊際。如果股市超過了價值，價值投資人就該離場了 |

　　價值投資是一種常見的投資方式，投資人專門尋找價格被低估的股票。不同於成長型投資人，價值型投資人偏好本益比、帳面價值或其他價值衡量基準偏低的股票。

　　價值投資人認為：股票價格圍繞「內在價值」上下波動，而內在價值可以用一定方法測定；股票價格長期來看有向「內在價值」回歸的趨勢；當股票價格低於內在價值時，就出現了投資機會。打個簡單的比方，價值投資就是「只花 5 元，卻買入 10 元」。

　　對於一個真正的價值投資人來說，買入股票就成了公司的股東，和高層主管、基層員工一起扎扎實實經營公司、創造財富、造福社會。隨著公司越加穩健、獲利能力越強，股東自然獲得的回報越豐厚。

　　價值投資是投資原則的一種，其概念源自於經濟學家班傑明・葛拉漢（Benjamin Graham）。他在 1949 年出版的著作《智慧型股票投資人》中，建立出價值投資的完整策略，這本書不但被視為投資聖經，葛拉漢也因此被譽為「價值投資之父」，連股神巴菲特都將此書奉為圭臬。

5-6

活用江恩理論抄底

　　江恩理論是投資大師威廉・江恩（Willian Delbert Gann），經由對數學、幾何學、宗教、天文學的綜合運用，建立獨特分析方法和測市理論，並結合在股票和期貨市場上的傲人成績，及其寶貴經驗提出的，包括江恩時間法則、江恩價格法則和江恩線等。

　　威廉・江恩認為，對於所有市場，決定其趨勢是最重要的一點，至於如何決定其趨勢，學問便在裡面。他也認為，對於股票而言，其平均綜合指數最為重要，以決定大盤的趨勢。

　　此外，分類指數對於市場的趨勢亦有相當啟示性。投資人所選擇的股票，應以跟隨大盤的趨勢者為主。若將上面的規則應用在外匯市場上，則「美元指數」將可反映外匯走勢的趨向。

　　江恩理論的主要買賣守則如下。

- 將資本分為 10 份，每次入市買賣，損失不會超過資本的十分之一。

- 入市時要堅決，猶豫不決時不要入市。買股票切忌只望收息，不要因為不耐煩而入市，也不要因為不耐煩而清倉。做多錯多，入市要等待機會，不宜買賣過密。

- 買賣遭損失時切忌加碼，謀求拉低成本，可能積小錯而成大錯。設下停損點，減少買賣出錯時可能造成的損失。入市時設下的停損點，不宜隨意取消。

- 不應只做單邊、不可過量買賣，賠多賺少的買賣不要做。不讓所

持倉位由盈轉虧。避免在不適當的時候金字塔式加碼。

- 不逆市而為，市場趨勢不明顯時，寧可在場外觀望。只在活躍的市場買賣，買賣清淡時不宜操作。
- 在市場中買賣，如無適當理由，避免胡亂更改所持倉位的買賣策略。不要因為價位過低而買進，也不要因為價位過高而看空。
- 在市場中連戰皆勝後，可將部分利潤提出，以備急時之需。可用停損點保障所得利潤。

第 **6** 章

學會判斷頂部走勢，
輕鬆賺飽價差！

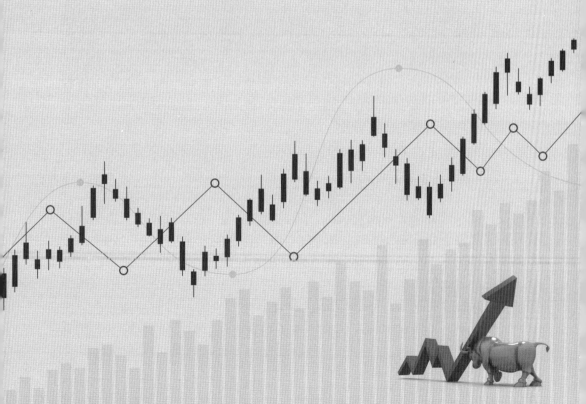

6-1

頂部形成的重要特徵

　　在股市中，投資人買入的機會非常多，而賣出的機會往往只有一次。這是由於股價運行在頭部的時間非常短，大大少於在底部的時間，**一旦沒有抓好逃頂的時機，就很可能被長期套牢**。因此，投資人逃頂時要堅決果斷，一旦發現訊號就要堅決賣出，決不能手軟或抱有不切實際的幻想。

　　炒股如同做生意，有合理的利潤就可以賣出。而有些投資專家，他們買股票是打算永遠持有，這也沒有錯，因為運氣好的話，30 年後的確有可能翻 20 倍。

　　但這其間會有很多的起起伏伏，甚至可能會有 50% 的跌幅，這對一般投資人來說是難以承受的。因此，投資人一定要學會判斷頂部走勢，抓住賣股票的「臨界點」。

「政策頂」的特徵

　　以中國為例，中國股市是一個新興的市場，政策調控會直接影響股市，在歷史的走勢中，可以看到許多頭部都是由政策調控造成的。例如央行對資本市場提出的警惕性文字，或者採取實質措施，或者提高股票交易印花稅。

　　例如，2007 年 5 月時，中國剛宣佈印花稅提高時大規模離場，每次股市都伴隨大幅下跌，因此投資人對消息一定要謹慎對待。如圖 6-1

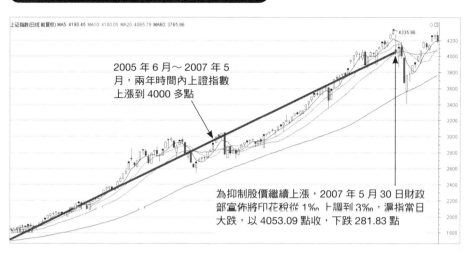

圖 6-1　上調印花稅導致股價下跌

上証指数(日线 前复权) MA5: 4190.45　MA10: 4100.05　MA20: 4065.79　MA60: 3765.96

2005 年 6 月～ 2007 年 5
月，兩年時間內上證指數
上漲到 4000 多點

為抑制股價繼續上漲，2007 年 5 月 30 日財政
部宣佈將印花稅從 1‰ 上調到 3‰，滬指當日
大跌，以 4053.09 點收，下跌 281.83 點

所示，為 2007 年的上證指數日 K 線圖。

因此，一個投資人如想成功逃頂，必須把握政策導向，廣泛收集、分析相關資訊。才能經由政策面的微小變化，及時發現管理層的調控意圖，領先股價變化一步。

頂部市場有哪些特徵？

市場的頂部特徵，可以用「價升量增」4 個字來概括。從市場面來看，股價與房價的頂部特徵非常類似。

因為從投資的心理來看，當市場幾經起落，到最後瘋狂上漲的時候，看空的人會越來越少，這意味著準備投資或猶豫的人已經不再徘徊，而是瘋狂地衝進市場，甚至很多不具購買能力的人，也會經由負債的方式進入。當股市頂部形成時，市場會出現以下特徵。

- 大型股評報告會上，出現人滿為患的景象。
- 散戶大廳的人數突然變多，爭相談論賺到大錢。
- 證券交易所門口的停車數變多，散戶大廳全都是新投資人。
- 證券類報紙、雜誌銷售得比以往好。
- 婆婆媽媽都來買股票，開戶資金大幅提高後再次出現提高現象。
- 連股市新手都敢推薦股票，聲稱是飆股，並表示目標位要拉到多高多高……。

以上現象出現時，表示市場已在頂部或是頂部區域，投資人應開始減碼離場。

在股市中，由於資訊的不對稱性，主力有時利用掌握的資訊，在低位開始悄悄進貨，並一路推高。等到消息被證實時，反而是主力逢高賣出的好時機，這種情況被市場稱為「見光死」。

投資人可以抓住這些個股，等到股價漲了一段時間到了比較高的價位時，投資人已經獲利，同時行情又想要回落時，就可以慢慢在高位賣出；或者股票開始振盪了，就可以逢高點出貨。

例如，國電電力在 1998 年 7 月 14 日公佈每股收益 0.538 元的優良業績，並有高配股等誘人方案，屬於業績極優、方案極佳的好股。結果此股復牌後，高開低走，主力借機拉高出貨，當日收出一根大陰線，形成明顯的頭部。

因此，當股價已連續上漲非常大的幅度後，出利多消息反而容易形成頭部。投資人想學會成功逃頂，就必須了解主力常借利多出貨的手法。

頂部的技術特徵

市場上有「底部百日，頂部三天」的說法，說明逃頂的難度，而市場的高手往往也是會逃頂的高手。投資人如想在投機性非常強的股票市場上生存和獲利，必須學會一些逃頂的技巧和方法。

　　當一個頂部出現時，利用技術分析，可以顯示出明確的頭部訊號或賣點訊號。因此若投資人能學好技術分析，就能借由線圖，比別人提前發現頂部，如圖 6-2 所示。

圖 6-2　頂部技術特徵

1 　形態法：當K線圖在高位出線M頭形態、頭肩頂形態、圓弧頂形態和倒 V 形態時，都是非常明顯的頂部形態

2 　均線：當股價已經過數浪上升，漲幅已大時，如5日移動平均線從上向下穿越10日移動半均線，形成死亡交叉時，表示頭部已經形成

3 　K線：在K線圖上，如在高位日K線出現穿頭破腳、烏雲蓋頂、高位垂死十字等，都是股價見頂的訊號

4 　技術指標：
- 週KDJ標示在80以上，形成死亡交叉，通常是預示中期頂部和大頂的訊號
- 10週的RSI指標如運行到80以上，預示著股價進入極度超買狀態，頭部即將出現
- TWR指標經過數浪上漲，在高位兩平頭、三平頭或四平頭翻綠時，是見頂訊號

6-2

工具1：利用均線「識頂和逃頂」

投資人可以利用各種移動平均線，來分析和預測股價的走勢，該技術被很多長線投資人認為是制勝的法寶。

利用均線識頂

股票操作上首先要研判出大勢：如果大勢向上，才考慮進場。否則一旦大盤處於頂部，隨時可能進入下降趨勢，最好不要入市。除非你是短線高手，才能夠把握每次短線反彈獲取利潤，但那是「刀口舔血」的行為，對一般投資人來說是不適合的。

那麼，如何研判大盤趨勢呢？最簡單的方式就是看均線，下面列舉了一些經由均線識頂的方法，如圖 6-3 所示。

專家心法

投資人操作前首先應該看月線、週線，判斷出大勢後，再利用日線決定買進、賣出的最佳時機。投資人操作前請先多關注趨勢線（包括長期、短期趨勢線），只做處於上升趨勢線的股票，同時關注均線排列情況和成交量情況，然後根據K線或者K線組合形態，來決定買或賣股票。

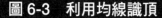

圖 6-3　利用均線識頂

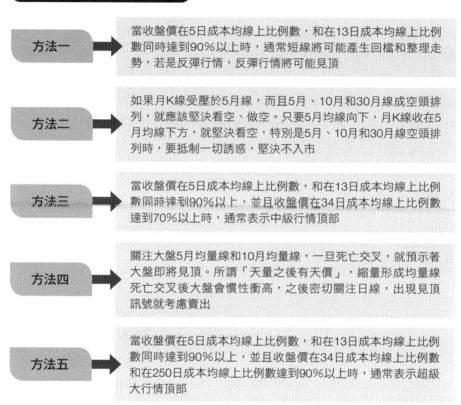

方法一 ➤ 當收盤價在5日成本均線上比例數，和在13日成本均線上比例數同時達到90％以上時，通常短線將可能產生回檔和整理走勢，若是反彈行情，反彈行情將可能見頂

方法二 ➤ 如果月K線受壓於5月線，而且5月、10月和30月線成空頭排列，就應該堅決看空、做空。只要5月均線向下，月K線收在5月均線下方，就堅決看空，特別是5月、10月和30月線空頭排列時，要抵制一切誘惑，堅決不入市

方法三 ➤ 當收盤價在5日成本均線上比例數，和在13日成本均線上比例數同時達到90％以上，並且收盤價在34成本均線上比例數達到70％以上時，通常表示中級行情頂部

方法四 ➤ 關注大盤5月均量線和10月均量線，一旦死亡交叉，就預示著大盤即將見頂。所謂「天量之後有天價」，縮量形成均量線死亡交叉後大盤會慣性衝高，之後密切關注日線，出現見頂訊號就考慮賣出

方法五 ➤ 當收盤價在5日成本均線上比例數，和在13日成本均線上比例數同時達到90％以上，並且收盤價在34日成本均線上比例數和在250日成本均線上比例數達到90％以上時，通常表示超級大行情頂部

利用均線逃頂

在股價運行過程中，各種組合的移動平均線，會出現在某個方向上持續某種規則的運行，從而形成多頭排列和空頭排列形態，這兩種形態是最具分析意義的排列形態。在橫盤整理階段多空雙方搏擊，短期移動平均線和中長期移動平均線，會很容易與股價黏合形成不規則排列。

盤整時間越久，均線發生不規則排列的概率就越大。若多方勢力大

於空方勢力,則行情將上漲;若空方勢力大於多方勢力,則表示行情見
頂,後市將會下跌。

下面以中國聯通(600050)為例,介紹利用均線逃頂的技巧。中國
聯通依託 5 日均線經歷了大幅上漲的行情,並在 2008 年 1 月 21 日運行
到高位,如圖 6-4 所示。次日,股價跳空低開低走收大陰線,跌破所有
短期均線,隨後橫盤整理,短期均線走勢雜亂,如圖 6-5 所示。

2008 年 2 月 25 日,股價低開放量收大陰線跌破 60 日均線,表示
空方勢力強於多方勢力,後市看跌,如圖 6-6 所示。次日,股價繼續走
弱,60 日均線拐頭向下,表示行情發生逆轉,投資人應立即停損逃頂,
如圖 6-7 所示。

圖 6-4 利用均線逃頂(1)

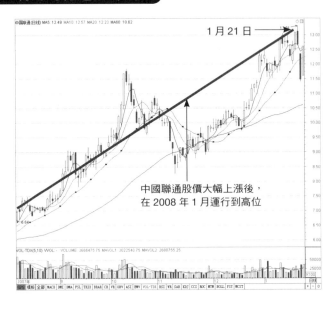

圖 6-5　利用均線逃頂（2）

股價在大幅上漲的高位出現橫盤整理，
投資人要謹慎操作，最好離場觀望

圖 6-6　利用均線逃頂（3）

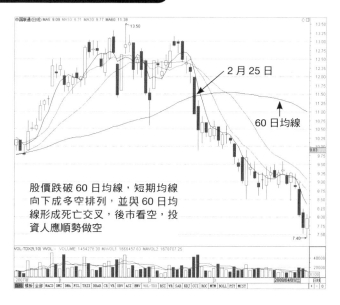

股價跌破 60 日均線，短期均線
向下成多空排列，並與 60 日均
線形成死亡交叉，後市看空，投
資人應順勢做空

圖 6-7　利用均線逃頂（4）

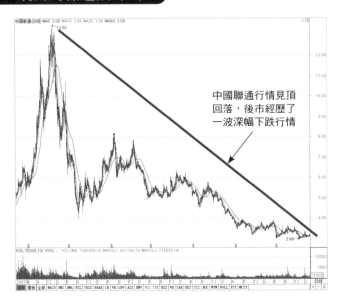

中國聯通行情見頂
回落，後市經歷了
一波深幅下跌行情

6-3

工具 2：利用成交量「識頂和逃頂」

古諺云：「股市上什麼都能騙人，唯有成交量不能騙人。」K 線可以騙人，技術指標可以騙人，但是成交量一般不會騙人，尤其是週線和月線級別的成交量，更不會騙人！因此，投資人必須學會利用成交量識頂和逃頂。

利用成交量識頂

成交量在股市裡應該算是常識，是最簡單，也是最有效的指標。但就因為它太簡單、太容易了，所以被絕大多數投資人忽略了。當頂部來臨的時候，投資人內心充滿的往往不是風險，而是貪婪。對他們來說，頂部不是套現的機會，而是發大財的機會，他們卻沒想到那只是一個甜蜜的陷阱。

成交量是一個重要的訊號但較難掌握，有經驗的投資人才能辨別，如圖 6-8 所示。

利用成交量逃頂

成交量是股市的元氣，股價只不過是它的表面現象而已。成交量通常比股價先行，股市上有「先見量後見價」之說。下面以天健集團（000090）為例，介紹利用成交量逃頂的技巧。

圖 6-8 利用成交量識頂

方法一 ➤ 在上漲行情途中，如果5日均量線向上疲軟且有轉頭現象，或者下穿35日均量線形成死亡交叉，一旦量縮價跌，就是短線見頂訊號

方法二 ➤ 當股價大幅上漲運行到高位區後，成交量出現放量形態，表示行情可能見頂逆轉，投資人此時應謹慎操作

方法三 ➤ 在上漲行情途中出現縮量形態，這主要是主力洗盤的一種手法，後市還會上漲，投資人可以在該階段逢低介入；如果在高位出現縮量，說明上漲動能衰減，後市可能見頂逆轉，投資人應賣出

方法四 ➤ 在股價的高價位區出現天量，此時可能是主力在高位放量出貨，預示股價見頂，後市可能出現行情逆轉，股市中常說的「天量天價」就是指這個階段的天量。因此，當股價大幅上漲後出現天量，投資人應果斷出場，逃離風險

方法五 ➤ 在上漲末期如果出現量價增升現象，則可能是主力高位出場，後市看跌，待主力完全出貨後，行情將見頂逆轉。投資人不可高位追漲，應果斷出場。量價增升是指股價隨成交量的不斷增大，在不同階段出現量增價升，其代表的市場意義也不同

專家心法

　　天量是指在股價運行過程中突然放出一根巨大的量（至少是前一天成交量的兩倍以上）；地量是指個股成交量呈現出極度縮小的狀態，而且一般還具有一定的持續性。地量通常出現在下跌行情的末期，是行情見底的重要反轉訊號。

　　天健集團在 2007 年 1 月 11 日成交量縮量，股價回落跌破所有均線後，隨後繼續上漲；在 2007 年 6 月 20 日高位回檔，隨後成交量急劇縮量至 135 日均量線下方，如圖 6-9 所示。2007 年 7 月，股價在 60 日均線處獲得支撐上漲，如圖 6-10 所示，上漲動能衰減，主力可能高位出貨，投資人應果斷賣出。

　　2007 年 12 月底左右，股價放量拉升反彈，5 日均量線出現疲軟，60 日均線始終向下，如圖 6-11 所示。次日，股價繼續走弱，60 日均線拐頭向下，表示說明行情發生逆轉，投資人應立即立即停損逃頂，如圖 6-12 所示。

圖 6-9　利用成交量逃頂（1）

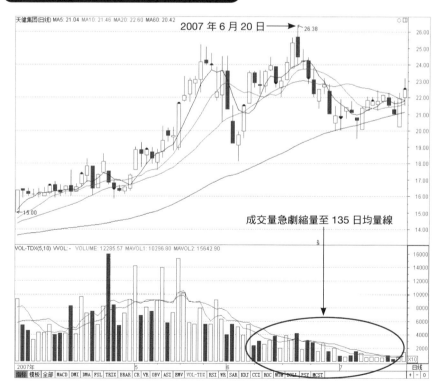

圖6-10 利用成交量逃頂（2）

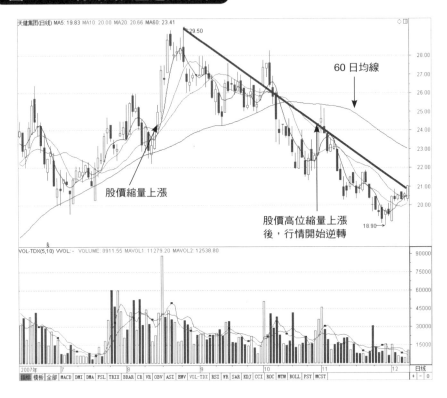

專家心法

　　在下跌行情途中，如果成交量出現縮量形態，表示後市還將繼續下跌，投資人應果斷賣出，離場觀望，待股價下跌到一個低位出現放量後再介入，也不失為一種有效的投資手段。

圖 6-11　利用成交量逃頂（3）

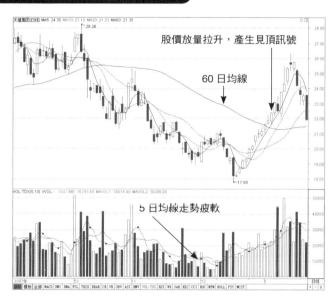

股價放量拉升，產生見頂訊號

60 日均線

5 日均線走勢疲軟

圖 6-12　利用成交量逃頂（4）

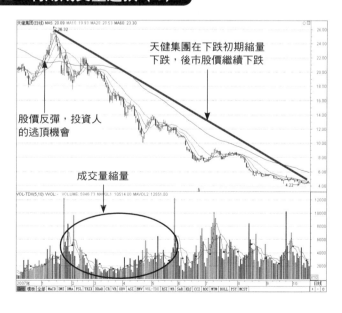

天健集團在下跌初期縮量
下跌，後市股價繼續下跌

股價反彈，投資人
的逃頂機會

成交量縮量

6-4

工具3：
利用MACD指標「識頂和逃頂」

由於 MACD 指標具有均線趨勢線、穩定性等特點，對買進和賣出時機有重要的指示作用，被很多人認為是較有效的「識頂」和「逃頂」技術手段。

利用 MACD 指標識頂

MACD 指標的用法大致上有兩種：運用 DIF 和 DEA 的黃金交叉和死亡交叉，以及運用 DIF 的背離。利用 MACD 指標識頂的具體方法，如圖 6-13 所示。

圖 6-13 利用 MACD 指標識頂

方法一 → 當DIF和DEA在0軸上方短期內（8或13個交易日內）發生兩次死亡交叉，第二個死亡交叉形成時，稱為「MACD高位兩次死亡交叉」，後市可能見頂逆轉，股價可能發生暴跌現象，投資人應果斷出場

方法二 → 當股價在大幅上漲後創出新高，而DIF和DEA卻逐步下降，走勢形成一種背離現象，即稱為「頂背離」。此時，說明股價繼續上漲的空間有限，行情有望見頂，是一個出貨訊號，投資人可以在頂背離點考慮出貨，尤其是出現高位兩次死亡交叉後，投資人應立即停損

「黃金交叉」和「死亡交叉」存在明顯的滯後性，且在震盪市中不易操作。並且，黃金交叉買入死亡交叉賣出的成功率，經過統計後發現並不是很高。尤其在熊市的短線反彈中，如果使用黃金交叉做買，很容易由於滯後性買到最高點（即頂部）；而在牛市中，如果使用死亡交叉做賣，很容易賣到最低點（即底部）。

　　一般情況下，MACD 的 DIF 會跟隨股價的走勢同漲同跌。正常的情況應該是同樣能創新高，同樣跟隨創新低。背離則指的是，如果股價創出新高，但是 DIF 不創新高；或者股價創出新低，但 DIF 不創新低。

利用 MACD 指標逃頂

　　在實際投資中，MACD 指標不但具備抄底（背離是底）、捕捉極強勢上漲點（MACD 連續兩次翻紅買入）、捕捉「洗盤結束點」（上下背離買入）的功能，使投資人盡享買後就漲的樂趣。同時，它還具備使投資人捕捉到最佳賣點，幫投資人成功逃頂的功能，使投資人盡享豐收後的感覺。

　　例如，2010 年 10 月至 12 月，處於上漲走勢的天通股份（600330）的 MACD 指標形態頂背離走勢，預示著股價的上漲走勢即將結束，發出見頂看跌訊號，如圖 6-14 所示。

　　從圖中可以看出，12 月中旬，天通股份的 MACD 指標在 0 軸線上方出現第二次死亡交叉，表示股價的上漲走勢結束，同時在 K 線走勢中出現高位孕線形態。3 個看跌訊號得到相互驗證後，頂部賣點出現。

　　在上漲走勢中，當股價不斷創出階段新高的同時，MACD 指標的階段高點不但沒有逐步抬高，反而逐級降低，形成一種背離走勢。這意味著多方的力量在股價持續上漲期間消耗過大，維持股價繼續上漲的動能已經很弱，隨時可能會出現頂部，此時投資人可以獲利了結。

圖6-14　天通股份日K線

MACD 指標與股
價的頂背離走勢

MACD 指標 0 軸線上方
二次死亡交叉＋高位孕
線形態，形成頂部賣點

6-5

工具 4：
利用BOLL指標「識頂和逃頂」

　　BOLL 軌道線是系統內置的一種指標，包括上軌線、中軌線和下軌線。本節將介紹利用 BOLL 指標「識頂和逃頂」的具體方法。

利用 BOLL 指標識頂

　　BOLL 軌道線的買賣點分析，主要是經由 K 線與上下軌線的突破來確定的。利用 BOLL 指標識頂的方法，如圖 6-15 所示。

圖 6-15　利用 BOLL 指標識頂

方法一	股價在BOLL軌道線長時間窄幅運行後向下跌破下軌線，同時BOLL軌道線向下運行，且形態逐漸變大，表示行情將脫離原來的軌道翻轉下跌，此時投資者人可以考慮賣出股票
方法二	當股價上漲至BOLL上軌線附近遇阻回落時，表示股價的反彈走勢已經結束，此時投資人應該及時清倉離場
方法三	股價大幅拉升運行到高位後，上下軌道線逐漸擴張，隨後在高位股價隨著上軌線急速轉頭向下跌破短期均線，預示著空頭力量逐漸強大，而多頭力量開始衰減，後市看跌

方法四 ▶ 當股價向上突破了BOLL通道上軌線後，如果股價快速回落，並再次跌回通道內部，則有可能為假突破。此時，投資人也應該做出減碼操作，一旦股價繼續走弱，投資人就應該清倉離場

利用 BOLL 指標逃頂

BOLL 通道的上軌線和中軌線，對股價的上漲均具有一定的阻力作用，其中上軌線的阻力作用略大於中軌線的阻力。所以，一般用 BOLL 指標判斷股價的反轉或反彈走勢時，通常會以股價能否突破 BOLL 通道上軌線的阻力為標準。

如圖 6-16 所示，2011 年 1 月下旬，一直沿 BOLL 通道下軌線運行在下跌趨勢中的東方海洋（002086），出現了止跌回升走勢。而到了 2 月下旬時，該股股價上漲至 BOLL 通道上軌線附近時，遇阻回落，這個形態表明股價的反彈走勢見頂終結，隨後股價將要繼續下跌，形成「賣點 1」。

東方海洋經過一段時間的震盪下跌後，再次止跌回升，並再次在 BOLL 通道的上軌線附近遇阻回落。這個形態預示著東方海洋的股價還有一定的下跌空間，此時產生「賣點 2」。

圖 6-16　東方海洋日 K 線

賣點 1：股價在上軌線
處遇阻回落，形成頂部

賣點 2：股價反
彈再次受阻，形
成第二個頂部

專家心法

　　在下跌趨勢中，一般股價會運行在 BOLL 通道的中軌線下方，當出現止跌回升走勢時，如果股價能夠順利突破 BOLL 通道上軌，則股價可能已經反轉；如果股價在上軌線處遇阻回落，則意味著股價的反彈走勢結束，隨後將繼續下跌走勢。

　　股價向上突破上軌線後，通常股價會沿著上軌線快速上漲，但並不一定總運行在上軌線的上方，所以此時因股價對於上軌線跌破看跌訊號較弱，投資人可以根據其他技術指標進行賣點的選擇。

6-6

工具 5：
利用 X 線「識頂和逃頂」

　　X 線又稱交叉線，也是用於分析和預測行情運行趨勢的一種工具。與趨勢線、軌道線不同的是，X 線是頂部和底部的連接線，至少需要間隔一個頂部和底部。本節將介紹利用 X 線識頂和逃頂的方法。

利用 X 線識頂

　　X 線實際上是趨勢線的延伸使用，即當前的趨勢線被突破以後與價格曲線相交。這被突破的趨勢線仍然有效，只是支撐和阻力的作用方向相反。利用 X 線識頂的方法，如圖 6-17 所示。

利用 X 線逃頂

　　X 線在使用上效果非常好，由於股價是在圍繞一個趨勢不斷波動的，既然有了波動也就有了利潤的空間，那麼 X 線就為投資人提供了一個很好的支撐點。依照這個支撐點，投資人可以準確掌握股票的調整空間以及區間壓力位。

　　如圖 6-18 所示，2009 年 3 月～ 2010 年 1 月，東方電子（000682）在這段時間的上升行情中，間隔一個或多個頂部後，將底部連接到頂部形成上升 X 線。該 X 線可以用於尋找股價階段性高位回落時受到的壓力位，形成多個頂部賣點。

圖 6-17　利用 X 線識頂的方法

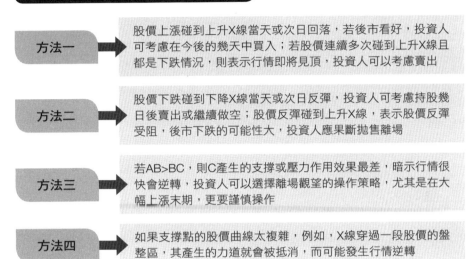

方法一 → 股價上漲碰到上升X線當天或次日回落，若後市看好，投資人可考慮在今後的幾天中買入；若股價連續多次碰到上升X線且都是下跌情況，則表示行情即將見頂，投資人可以考慮賣出

方法二 → 股價下跌碰到下降X線當天或次日反彈，投資人可考慮持股幾日後賣出或繼續做空；股價反彈碰到上升X線，表示股價反彈受阻，後市下跌的可能性大，投資人應果斷拋售離場

方法三 → 若AB>BC，則C產生的支撐或壓力作用效果最差，暗示行情很快會逆轉，投資人可以選擇離場觀望的操作策略，尤其是在大幅上漲末期，更要謹慎操作

方法四 → 如果支撐點的股價曲線太複雜，例如，X線穿過一段股價的盤整區，其產生的力道就會被抵消，而可能發生行情逆轉

專家心法

　　X 線理論也可以被形象地稱為「剪刀原理」，其理論基礎是力矩原理，它有 3 個點，分別是施力點 A（X 線的起點）、支撐點 B（X 線的焦點）和受力點 C（X 線的終點）。X 線是向著行情走勢右方無限延伸的，因此其產生的作用持續存在。尤其是支撐點和焦點都是 X 線看盤的特殊情況，具有很重要的分析意義。

圖 6-18　東方電子日 K 線

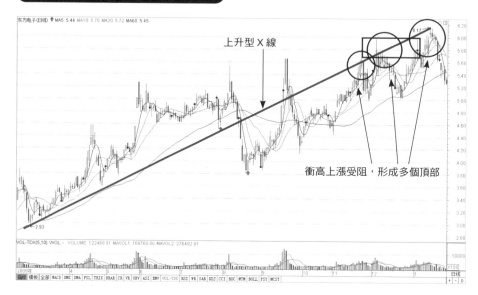

上升型 X 線

衝高上漲受阻，形成多個頂部

專家心法

　　X 線的連接點不一定必須是明顯的頂部或底部，任意轉折的高點或低點連接起來的 X 線，都具有一定的效果。但是如果選擇的連接點是重要的頂部或底部，則其所連接起來的 X 線，會比一般轉捩點連接成的 X 線更可靠。

1. **B 型上升 X 線**：在下降行情中，間隔一個或多個頂部後，將底部連接到頂部形成 B 型上升 X 線，該 X 線用於尋找股價反彈上漲時，受到的壓力位。

2. **下降 X 線**：在下降行情中，間隔一個或多個頂部後，將頂部連接到底部形成下降 X 線，該 X 線用於尋找股價下跌反彈時，獲得的支撐位。

3. **B 型下降 X 線**：在上升行情中，間隔一個或多個頂部後，將頂部連接到底部形成 B 型下降 X 線，該 X 線用於尋找股價階段性頂部時，回落獲得的支撐位。

第 7 章

跟著主力走,低買高賣
一檔獲利120%!

7-1

主力操盤有什麼特徵？

　　股市中，倍受青睞的無疑是主力股。做為一名投資人，如果能夠持有一支具潛力的主力股，未來將會獲利豐厚。當然，持有潛力主力股的前提，是先要學會識別它們。

了解主力操盤步驟

　　由於主力是大戶投資人，為了達到獲利的目的，會經由操盤的手法來控制股價的漲跌。主力操盤慣用的操作手法包括建倉、整理、洗盤、拉升、出貨、掃尾，如圖 7-1 所示。

 圖 7-1　主力操盤步驟

建倉 ➡	主要是指專家經過對某一檔股票長時間的分析和考察後，選擇何時開始買入該檔股票，此時標誌主力進入該檔股票實質性的操作階段。通常，主力都是選擇股價較低時開始吃貨
整理 ➡	整理是為了構築底部形態，調整一些主要的技術指標，還有時候是因為大盤的狀態，需要等待機會得到更多條件的配合
洗盤 ➡	在整理完畢後，主力就會清洗浮額，以減輕日後拉升時的拋壓，降低拉升成本。此時，股價經常波動，且漲幅和跌幅都不大

拉升的過程比較短、速度也比較快，大多數主力都喜歡和願意借助於大盤的上揚慣性，如此會比較輕鬆和容易，並為下一個出貨步驟作好鋪墊

主力在股票的高價位區拋售手中的籌碼。出貨一般要做頭部，頭部的特點是成交量大、振幅大，除非趕上大盤做頭，一般個股的頭部時間都在一個月以上

掃尾基本上就屬於打掃戰場的性質了，一方面清理戰果，另一方面為下一次運作做準備。有時候，為了適當地調整一下持有結構，同時為了吸引更多、更新的跟風者介入，以便出貨更多，主力還會在掃尾前進行反彈操作

了解主力的人員組成

　　要了解主力操盤的整個流程，就必須先清楚主力的人員組成。股市上的主力，主要是指有能耐操控個股漲跌，甚至是大盤走勢的一小群人，包括機構、炒家或者上市公司本身。

　　一般來說，不同類型的主力，如政府背景的主力、基金主力、券商主力或是上市公司主力、私募等，其人員分工差異很大。常見的可以分為以下幾個角色：總管、調研人員、公關人員、調資員和操盤手 5 種，如圖 7-2 所示。

了解主力選股的依據

　　主力一般都慧眼獨具，會看中那些久久地在低位橫盤、每日成交量如豆粒狀的個股。那樣的個股，散戶都不太注意，或者視之為雞肋，但正是這類股票，一旦被炒醒，不用揚鞭自奮蹄，便會勢如破竹，價格快速飆升。

　　主力用資金這隻「看不見的手」，決定著某股是否有行情以及行情

的大小。因此，散戶選股時不能單從個人喜好出發，而應首先看看主力喜歡什麼樣的股票，來買入有實力的主力介入的股票。

選擇目標股的實質，就是對市場訊息和自身研發能力的評斷。主力會對目標股的基本面、技術面、題材和概念、操作價值等方面進行全面考察，而最後確定最恰當的介入時間，如圖 7-3 所示。

圖 7-2　主力的人員組成結構

總管	總管可以是券商的老闆、上市公司的董事長等，其主要職責是制定一個大的方針、決策，包括選擇什麼樣的品項等
調研人員	主要的工作是與上市公司進行溝通，拿到第一手的資料和真實資訊，善於進行綜合研究和分析，並提出一些意見和建議給總管
公關人員	公關人員類似新聞發言人，是主力派出的代表，必須接觸形形色色的人。公關人員的主要工作是執行總管的意圖，幫助散佈消息
調資員	調資員負責資金調度，他只跟銀行打交道，與其他人很少聯繫。如果是券商、企業或者上市公司為主力，則一般其財務人員就兼任資金調度人員
操盤手	操盤手可以分為主操盤手和輔助操盤手。主操盤手是指操作股票的決策者，輔助操盤手往往是最終操作股票的直接操盤人

圖 7-3　主力選股的依據

基本面及其改觀潛力	首先，總和考慮宏觀經濟環境、市場人氣、公司情況等方面因素。其次，主力會重視分析個股：募股配股資金產生效益的品質、未分配利潤及資本公積金、淨資產值、流通股比例、基本面有無改觀潛力

流通盤 技術分析	主力總是選擇總流通股與自己擁有的資金實力合適的品項進行考察，並會觀察籌碼分佈情況，分析目標股當前走勢，考察目標股是處於下跌過程，還是已經初步完成打底
題材和觀念	在主力的操作步驟中，出貨最是關鍵的一點，因此，題材的選用就十分重要了。投資人每天都可以在各個媒體上看到或是聽到各種題材和概念，這些都是主力用來出貨的藉口
操作價值	主力在資金使用效率上的要求都比較高，而且必須少失誤。許多主力選股時偏好那些股性活躍、包袱較輕的個股，以求穩定，特別在股價處於高位或是低位時

專家心法

　　主力通常會研究炒作對象，等待最佳時機介入股市。在主力看來，看準行情配合大盤炒作，比控制行情更重要。主力在選擇進場時機時，主要考慮以下 3 個因素。

1. **考慮人民經濟狀況**：好的經濟環境也能夠鼓舞市場參與者的信心，吸引更多的投資人介入市場、活躍股市，此有利於主力的操作。
2. **借助中期上漲大勢**：如果在大行情之前沒有買進動作，主力會在大行情中途，借助於上漲之中的調整及時介入。
3. **上市公司的利空消息**：主力會別有用心地誇大各種消息、題材來渲染效果，讓散戶們誠惶誠恐，主力就可以達到借助利空打壓進貨，和借助利多拉高出貨的目的。

用換手率識別主力股

換手率也稱周轉率，指在一定時間內市場中股票轉手買賣的頻率，是反映股票流通性強弱的指標之一。一檔股票的換手率越高，則說明該股越活躍，主力入駐的可能性就比較大。其具體判斷方法，可從換手率與股價走勢關係，以及累計換手率值兩個方面進行。

1. 換手率與股價走勢關係

挖掘領漲板塊，首先要做的就是挖掘熱門板塊，判斷是否屬於熱門股的有效指標之一便是換手率。換手率高，股性趨於活躍。對於換手率與股價走勢關係，可以參考如圖 7-4 所示的數據。

投資人在選股的時候，可將每天換手率放大的個股，仔細記錄後，再根據一些基本面以及其他技術面結合起來，精選出其中的最佳品項。

圖7-4 換手率與股價走勢關係

換手率 3～7%
股票走勢：正進入活躍
時期，可以關注

換手率 ＜3%
股票走勢：沒有較大
資金的參與

換手率 7～10%
股票走勢：高度活躍
時期，走勢較強勁

換手率 ＞15%
股票走勢：超級主力
股，上升能強巨大

換手率 10～15%
股票走勢：主力股，
可考慮介入

A B C D E

換手率與
股價走勢
關係

專家心法

　　投資人需要注意的是，主力股在不同的市場環境下，其定義不同。在強勢市場環境下，漲幅翻倍的股票屬於主力股；在弱勢市場環境下，漲幅超過同期大盤走勢的股票屬主力股。因此，在定義主力股的時候，必須要考慮同期大盤的走勢。

2. 累計換手率值

　　換手率在市場中是很主要的參考數據，應該說它遠比技術指標和技術圖形更靠得住。若從造假成本的角度考慮，儘管生意印花稅、生意備金已大幅降低，但成交量越大所繳納的費用就越高，這是不爭的事實。

　　若在 K 線圖上的技術指標、圖形、成交量三個要素裡面選擇，主力必定是無法可施時，才會用成交量來騙人。因此，研判成交量甚至換手率，對於判定一檔股票的未來成長，有很大的輔助作用。

　　在 3 ～ 5 個月內，股票的換手率如果累計超過了 200%，近期股票換手率高於前一階段股票換手率的 80% 以上，且這種換手率呈繼續增加的趨勢，此時也可以判斷該股票可能有主力入駐。

　　例如，寶利來（000008）股價在 2008 年經過大幅下跌後，在當年 10 月運行到股價底部；10 月 20 日，股價平開高走收陽止跌止穩，此時換手率只有 0.4%。

　　隨後股價繼續攀升，連續兩次跳空後拉高股價；10 月 27 日，換手率達到 3.5%，正式進入活躍期，可能有主力入駐，如圖 7-5 所示。隨後，股價依託 5 日均線逐步攀升，後市股價在 60 日均線上方走出一波良好的上升行情。

　　從此案例可以看出，底部放量的股票，其換手率高，表示新資金介入的跡象較為明顯，未來的上漲空間相對較大，底部越是換手充分，上行中的賣壓越輕。此外，強勢股就代表了市場的熱門股，因而有必要對它們加以重視。

圖7-5 寶利來日Ｋ線

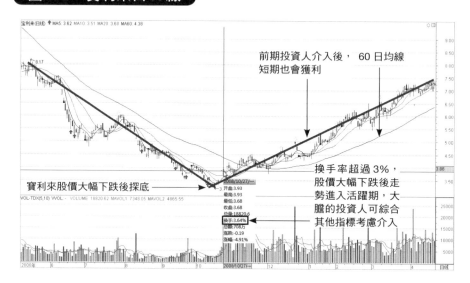

前期投資人介入後, 60日均線短期也會獲利

寶利來股價大幅下跌後探底

換手率超過3%, 股價大幅下跌後走勢進入活躍期, 大膽的投資人可綜合其他指標考慮介入

專家心法

　　換手率高一般意味著股票流通性好,進出市場比較容易,不會出現想買買不到、想賣賣不出的現象,具有較強的變現能力。然而值得注意的是,換手率較高的股票,往往也是短線資金追逐的對象,投機性較強、股價起伏較大,風險也相對較大。

用成交量看出主力股

　　一般情況下,隨著股價上漲,成交量會同步放大,某些主力控盤的個股隨著股價上漲,成交反而縮小,股價往往能一漲再漲,對這些個股可重勢不重價;主力持有大量籌碼的個股,在其上漲過程中,只要不放大量,就可一路持有。

　　例如,2008年同濟科技（600846）股價在大幅下跌後期,成交量

急速萎縮；2014 年 2 月 11 日，股價止跌止穩，在上升過程中，成交量明顯增大並突破 135 日均量線，資金發生異動，如圖 7-6 所示。

　　之後，股價在 6.50 ～ 7.50 價位區間附近大幅波動，表示該股可能有主力入駐，投資人可做好介入準備。隨後，股票放量突破前期盤整高點走高，後市股價在 60 日均線上方大幅拉升。

圖 7-6　同濟科技日 K 線

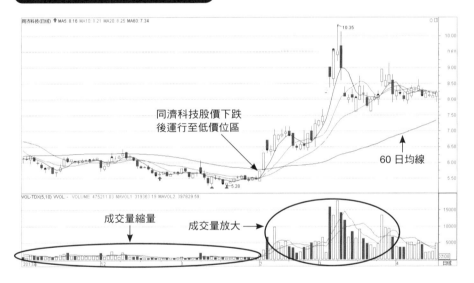

同濟科技股價下跌後運行至低價位區

60 日均線

成交量縮量

成交量放大 →

專家心法

　　股價在大幅下跌過程中，成交量並不大，當運行到底部橫盤整理時，成交量較前期下跌過程明顯增大，且股價間斷性地出現寬幅振盪，同時多次出現較大成交量，但股價並未出現明顯上漲，此時可以判斷主力可能進場。

7-2

關鍵 1：看懂主力建倉的方式

主力在操盤前，會在股價的低位大量進貨建倉，而成本的高低是主力最終獲利多少的決定因素。因此，主力總是會想盡一切辦法來降低持倉成本。

主力建倉的 5 種方式

其實，主力建倉的過程就是一個籌碼換手的過程。在這個過程之中，主力為買方，投資人為賣方。只有在低位充分完成了籌碼換手，進貨階段才會結束，發動上攻行情的條件才趨於成熟。主力的進貨區域，就是其持有股票的成本區域。如圖 7-7 所示，分析了主力建倉的 5 種常用方式。

專家心法

在上市公司披露的訊息中，通常都會將股東的持股情況公佈出來，這個資料的變動情況，也可以作為分析主力是否進場的一個很巧妙的指標。股東人數的大幅度減少，意味著市場上流通籌碼的集中；股東人數越少，股東平均持股量增加，意味著籌碼集中的程度越高，則主力入駐的可能性就越大。

圖 7-7　主力建倉的 5 種常用方式

 拉高建倉
讓投資人獲利，使短線客出場，拉升段成交密集，說明主力在建倉。拉高建倉後期，股價一般漲勢很兇猛

反彈建倉
主力採用股價反彈的方式建倉，即主力拉高股價，利用市場散戶的「反彈出貨」或「高賣低買」的弱點，幾次大量吸納市場外賣出的籌碼

拉鋸建倉
主力在很短的時間內把股價拉上去，又快速砸下來，來不及反應的散戶，只好匆匆離場而去，將籌碼送給主力

橫盤震盪建倉
主力在某一個價格高點掛上大量賣單，給股價上行帶來壓力。同時在某一個價格低點掛上大量買單，使股價在一個箱體內做小幅震盪整理，K線圖上的走勢幾乎呈一條橫線運行

潛伏底建倉
主力戰略性建倉後，先打壓股價，之後基本上不主動操作，使個股仿佛處於「無主力」的狀態，導致散戶紛紛賣出手中的籌碼。待時機成熟後，主力只需再最後收集一部分籌碼，便能輕鬆控盤

打壓建倉

打壓建倉是指主力經由人為控制拉低股價，或高開低走造成弱勢現象，使投資人因為恐慌而拋售手中的籌碼，主力則乘機在低價位進貨建倉。

例如，航太機電（600151）從 2005 年 6 月 14 日長線主力大幅度變小，也就是主力開始介入個股進行建倉之後，一段小幅度的整理使主力獲得了一小部分籌碼。之後，主力利用這些籌碼，對股價進行連續性不計成本的打壓，如圖 7-8 所示。剛好這時公司公告上半年業績：預計淨利潤下降 50％以上。市場投資人頓時陷入恐慌氛圍之中，終於受不了考驗，紛紛賣出股票。

圖 7-8　打壓建倉

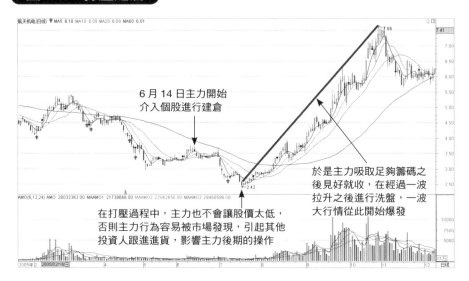

6 月 14 日主力開始
介入個股進行建倉

於是主力吸取足夠籌碼之
後見好就收,在經過一波
拉升之後進行洗盤,一波
大行情從此開始爆發

在打壓過程中,主力也不會讓股價太低,
否則主力行為容易被市場發現,引起其他
投資人跟進進貨,影響主力後期的操作

　　打壓建倉的主要特徵如表 7-1 所示。

　　主力通常在股價下跌時就開始介入個股進行操作,並運用早期鎖定
的一部分籌碼,不計成本地大幅度向下賣出,打壓股價,甚至有些主力
不惜以連續跌停的方式進行操作,日 K 線上表現出來的是股價的連續
下跌,造成極其惡劣的形態。與此同時,上市公司的利空消息也會不斷
出現,造成市場投資人的一片恐慌心理,於是紛紛賣出手中股票。

表 7-1　打壓建倉的主要特徵

外部環境	指數下跌或牛市中的調整，不會在指數上漲時使用
打壓建倉的原因	當主力拉高建倉達不到目的時，通常就會使用打壓建倉的方式
散戶的心理	投資人害怕股價下跌，尤其放量的大陰線出現後，散戶會馬上賣出股票，主力接貨後股價馬上又拉了上去，與真正下跌有區別
上漲前最低點	一旦投資人看到了主力打壓建倉方式，往往這個區間就是上漲前的最低點，投資人要敢於逢低進入
建倉的轉換	當牛市好的時候，不再打壓建倉，反手推高股價，採用溫和上漲的建倉方式
與放量下跌的區別	打壓建倉後股價上漲，而放量下跌是真正下跌，股價不會上漲

溫和上漲建倉

　　由於主力入駐個股後，買盤逐漸增多，主力為了不引起散戶的注意，就會採取溫和上漲的方式來建倉。

　　例如，華帝股份（002035）股價在 2008 年經過大幅下跌後，在當年 10 月底運行到低位，止穩回升。11 月 18 日股價跳空高開放量拉升，隨後成交量急劇萎縮，股價一路震盪下跌，股價當日以高於上個交易日的收盤價，成交量放大，次日股價繼續走強。隨後，股價逐漸攀升，成交量也波動變化，並多次出現巨量上漲，主力建倉明顯，如圖 7-9 所示。

　　溫和上漲建倉的主要特徵，如表 7-2 所示。

圖7-9　溫和上漲建倉

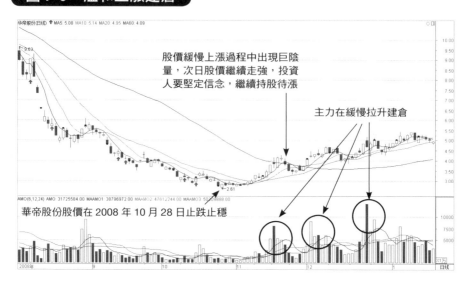

股價緩慢上漲過程中出現巨陰量，次日股價繼續走強，投資人要堅定信念，繼續持股待漲

主力在緩慢拉升建倉

華帝股份股價在 2008 年 10 月 28 日止跌止穩

表7-2　溫和上漲建倉的主要特徵

時間區間	牛市剛剛啟動時期，主力抓緊建倉
建倉特點	陽線多於陰線，大實體陽線出現，股價升幅慢，主力是在告訴別人「我在這建倉了」，如此一來別的資金不會介入
建倉區間	下跌止穩，首次放量將是主力建倉區間
主力成本	由於這種方式建倉提高了成本，之後惟有把股價推高，才能彌補損失
判斷方法	投資人一定要在下跌結束與上漲初期時進行分析，下跌結束是資金入場最及時的訊號，成交量一定要形成明顯且連續放大的跡象

7-3

關鍵 2：抓到主力整理盤面的方式

　　在主力介入建倉後，股價出現了一定的上漲，為降低後期拉升的成本，主力通常會進行多次洗盤來清理浮額，使那些持股意志不堅定的獲利盤和跟風盤退出。

短線暴跌整理

　　主力採用短線暴跌洗盤的目的，是將在低位買入股票的投資人清理出場，讓他們在相對高位將股票賣給新入場的一般投資人，從而提高一般投資人的持倉成本，主力此時也會逢低吸納一些籌碼。在這個過程中，成交量都是縮量，且股價不能跌破均線的支撐，即使跌破也會很快拉回，否則下跌趨勢將繼續。

> **專家心法**
>
> 　　在短線暴跌洗盤期間，主力在低位買入的籌碼並未賣出。而現實交易中，也確實有大量投資人，在大盤及個股短線暴跌的過程中賣出了股票，又有不少投資人在相對低位搶反彈買入了股票。但此種「相對低位」仍比主力的平均持股成本要高，這部份投資人在日後主力拉抬股價的過程中，客觀上也幫主力鎖定了籌碼。

如圖 7-10 所示，為凱迪電力（000939）在 2008 年 11 月～ 12 月的
幾次短線暴跌洗盤圖。

圖 7-10　短線暴跌整理

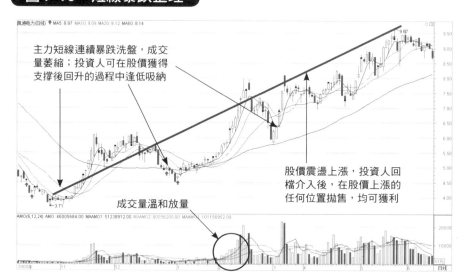

主力短線連續暴跌洗盤，成交
量萎縮；投資人可在股價獲得
支撐後回升的過程中逢低吸納

股價震盪上漲，投資人回
檔介入後，在股價上漲的
任何位置拋售，均可獲利

成交量溫和放量

縮量橫盤整理

縮量橫盤整理，主要是股價在上升過程中出現縮量橫盤的形態，主
力採用該方式洗盤，主要是經由較長時間的滯漲，使前期獲利盤失去持
股耐心，從而拋售手中的籌碼。

主力經由放量洗盤，可以清除許多低成本的獲利盤，同時也在巨量
出現時進行加碼買入。但這種放量洗盤，也會給其他聰明的機構逢低買
入的機會，造成原有主力手中籌碼的丟失，有一定的危險性。

如圖 7-11 所示，為安凱客車（000868）於 2008 年底的縮量橫盤整
理過程。

　　主力為了既達到洗盤的目的又不失去手中籌碼，就會採取另一種無量洗盤的方法。無量洗盤的 K 線形態，是主力在股價下跌的過程中成交量越來越小。與前期的放量相比，當前的量能大幅萎縮，縮量洗盤在技術形態上很容易區別。

　　此時，投資人在買入的安全性方面，也比放量買入的安全性要高得多，因為主力是無法在不斷萎縮的成交量中完成出貨操作的。

圖 7-11　縮量橫盤整理

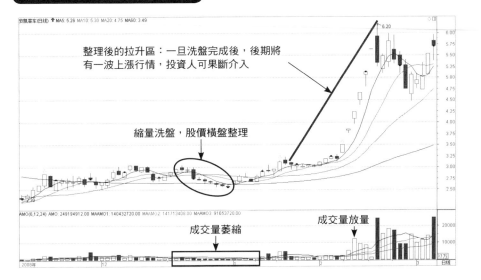

7-4

關鍵 3：抓緊主力拉升的方式

　　在股市中，主力可以經由操盤手段主動拉升股價，而散戶只能等待股價上漲。因此，在前期未介入的散戶投資人，在這個階段逢低介入，短期持有也會獲利。

　　一般來講，主力在盤中拉高股價時，往往多採用急速拉高、緩慢拉高、波段拉高和震盪式拉高的手法。但無論其使用何種拉高手法，都必須有量的配合，沒有量的配合就無法推動股價的上漲。

急速拉升

　　急速拉升是指主力在短時間內，使用大量的成交量大幅拉升股價，甚至漲停。一般情況下，如果出現這種情況，表示主力的資金實力雄厚，在拉升初期投資人可建倉介入，持股待漲。

　　如圖 7-12 所示，為榮華實業（600311）的急速拉升盤面分析。

　　當然，主力絕對控盤的股票及短期內市場一致看好的股票，在短期暴漲時會出現縮量上漲的情況，那是因為市場籌碼被高度鎖定的原因。這在日 K 線圖中不易看出來，但在分時圖上依然可看出有量的配合，如圖 7-13 所示。

　　投資人可以從日 K 線圖中找到主力的拉高動作訊號，但僅從日 K 線圖中來進行分析是不夠的，也是不及時的。投資人還必須將其細化到當天的分時圖中，經由對當天分時圖的分析，就能進一步並且在第一時

圖 7-12　急速拉升盤面分析

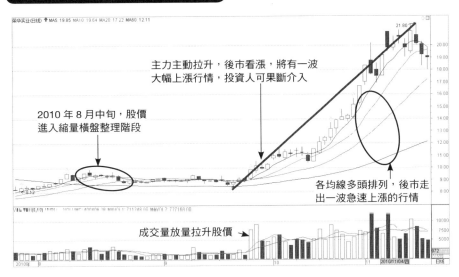

主力主動拉升，後市看漲，將有一波
大幅上漲行情，投資人可果斷介入

2010 年 8 月中旬，股價
進入縮量橫盤整理階段

各均線多頭排列，後市走
出一波急速上漲的行情

成交量放量拉升股價 →

圖 7-13　榮華實業分時圖

2010 年 9 月 27 日，
榮華實業股價高開
衝高，上午 10:11
時放量漲停，隨後
股價回落，出現少
量大單拉高股價漲
停

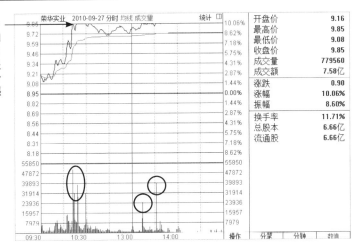

間抓住主力拉高時的種種跡象,從而在第一時間搶佔先機,把握市場主動權。

對敲拉升

對敲主要是利用成交量製造有利於主力的股票價位。對敲拉升有一個顯著特點:早盤時一般賣盤大於買盤,而尾盤卻是買盤大於賣盤,在5分鐘K線圖中,常常出現連續的小陽線,實體相近而無大起大落的跡象,並且該股會有價量同步上升的情況。

圖 7-14 所示為思達高科(0676)的對敲拉升盤面分析。

圖 7-14 對敲拉升盤面分析

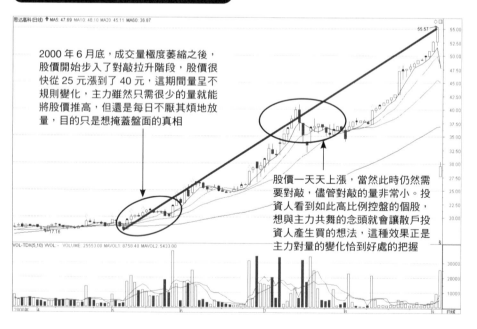

2000 年 6 月底,成交量極度萎縮之後,股價開始步入了對敲拉升階段,股價很快從 25 元漲到了 40 元,這期間量呈不規則變化,主力雖然只需很少的量就能將股價推高,但還是每日不厭其煩地放量,目的只是想掩蓋盤面的真相

股價一天天上漲,當然此時仍然需要對敲,儘管對敲的量非常小。投資人看到如此高比例控盤的個股,想與主力共舞的念頭就會讓散戶投資人產生買的想法,這種效果正是主力對量的變化恰到好處的把握

7-5

關鍵 4：跟隨主力出貨的方式

　　主力將股價拉升到預期高位時，就會拋售手中的籌碼。為了能夠順利出貨，通常會製造一些向好的股價形態，以誤導場外資金追蹤入場承接主力賣盤。因此，洞察主力出貨的操盤手段，可以避免高位套牢。

拉高出貨

　　拉高出貨又稱「誘多出貨」，是主力較為隱蔽的一種出貨方式。採用這種出貨方式的股票一般為主力股，同時股票本身通常有較好的後續題材的配合。

　　圖 7-15 所示為浪潮資訊（000977）的拉高出貨盤面分析。

專家心法

　　拉高出貨的特點，是股價前期都有過不小的漲幅。或者說是經過一波拉升，在接近階段性頂部時股價快速拉升，同時量能較前期拉升時有明顯放大，或經過前期大幅拉升後股價作平台整理，但平台整理時量能並沒有縮小，然後再度拉升，量能較前期拉升時有明顯放大，股價卻沒有相應的漲幅。當股市出現這種情況時，投資人一定要提高警惕，嚴密跟蹤，因為此時主力隨時都可能出貨。

圖 7-15　拉高出貨盤面分析

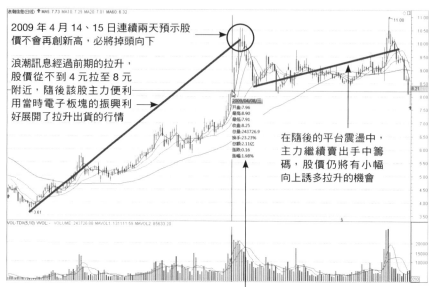

2009 年 4 月 14、15 日連續兩天預示股
價不會再創新高，必將掉頭向下

浪潮訊息經過前期的拉升，
股價從不到 4 元拉至 8 元
附近，隨後該股主力便利
用當時電子板塊的振興利
好展開了拉升出貨的行情

2009/04/08/三
開盤:7.96
最高:8.90
最低:7.91
收盤:8.25
總量:243726.9
換手:23.23%
總額:2.11億
漲跌:0.16
漲幅:1.98%

在隨後的平台震盪中，
主力繼續賣出手中籌
碼，股價仍將有小幅
向上誘多拉升的機會

從 2009 年 4 月 8 日起即開始了放量出貨，當天換手
率達到 23.23%，成交額達 2.11 億，隨後是連續 5
天的放量拉升出貨，將此出貨手法演繹到極致

震盪出貨

　　震盪出貨的方式包括高位平台（小區域）震盪出貨、高位橫盤（中級區域，兩個交易週以上）震盪出貨、「低位」（利用除權）震盪出貨幾種。

　　這種出貨的共同特點都是放量滯漲，其盤整的時間長短，由主力所持籌碼的數量而定，一旦在高位出現這種情況，主力出貨的概率極大，投資人最好緊跟離場。圖 7-16 所示為敦煌種業（600354）的震盪出貨盤面分析。

　　經由在高位區域震盪出貨的股票，對主力主要有以下兩大優勢。

　　(1) 優勢一： 可以將股價賣個好價碼。

(2) **優勢**二：主力手中籌碼較多，經由反覆震盪的方法，可以脫手較多的籌碼。在主力股中，震盪出貨方式與其他幾種出貨方式相比，是主力運用得較多的一種出貨方式，值得投資人認真研究。

圖 7-16　震盪出貨盤面分析

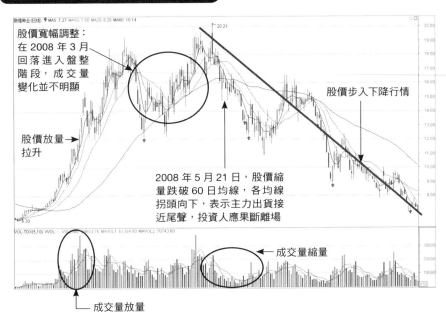

專家心法

投資人需要注意的是，同一個主力在出貨時使用的手法，並不是固定不變的，有時也會交替使用。具體使用哪一種手法，要跟據大盤和個股本身的情況及主力自己的需要來定。上面所列舉的幾種出貨方式，並不能完整地描述主力出貨的所有細節，而且主力出貨的手法也在不斷更新，投資人切不能以「窺一斑而知全豹」的眼光，去看待主力出貨的問題。

第 **8** 章

用 5 張圖，
看懂新興投資工具

8-1

股指期貨和商品期貨大不同

股指期貨（Stock Index Futures）的全稱是股價指數期貨，是一種以股價指數作為標的物的金融期貨合約，雙方約定在未來的某個特定日期，可以按照事先確定的股價指數大小，進行標的指數的買賣。

股指期貨的功能

20 世紀 70 年代以後，西方國家股票市場波動日益加劇，投資人規避股市系統風險的要求也越來越迫切。股票市場的風險可分為非系統性風險和系統性風險兩個部分。非系統性風險通常可以採取分散化投資方式減低，而系統性風險則難以經由分散投資的方法加以規避。

於是人們開始嘗試著將股票指數改造成一種可交易的期貨合約，並利用它對所有股票進行套期保值，以規避系統風險，股指期貨應運而生，其功能如圖 8-1 所示。

例如，擔心股票市場會下跌的投資人，可經由賣出股指期貨合約，對沖股票市場整體下跌的系統性風險，有利於減輕集體性拋售對股票市場造成的影響。股指期貨的推出還有助於國企在證券市場上直接融資，股指期貨甚至可以減緩基金套現對股票市場造成的衝擊。

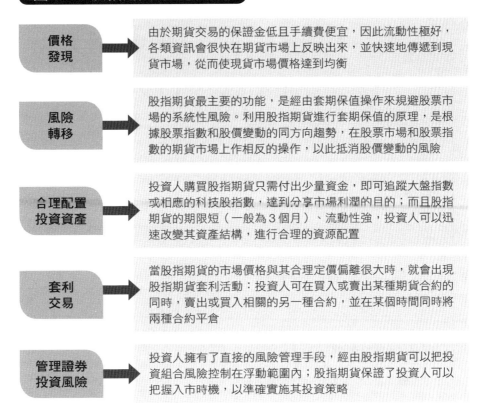

圖 8-1　股指期貨的主要功能

價格發現	由於期貨交易的保證金低且手續費便宜，因此流動性極好，各類資訊會很快在期貨市場上反映出來，並快速地傳遞到現貨市場，從而使現貨市場價格達到均衡
風險轉移	股指期貨最主要的功能，是經由套期保值操作來規避股票市場的系統性風險。利用股指期貨進行套期保值的原理，是根據股票指數和股價變動的同方向趨勢，在股票市場和股票指數的期貨市場上作相反的操作，以此抵消股價變動的風險
合理配置投資資產	投資人購買股指期貨只需付出少量資金，即可追蹤大盤指數或相應的科技股指數，達到分享市場利潤的目的；而且股指期貨的期限短（一般為 3 個月）、流動性強，投資人可以迅速改變其資產結構，進行合理的資源配置
套利交易	當股指期貨的市場價格與其合理定價偏離很大時，就會出現股指期貨套利活動：投資人可在買入或賣出某種期貨合約的同時，賣出或買入相關的另一種合約，並在某個時間同時將兩種合約平倉
管理證券投資風險	投資人擁有了直接的風險管理手段，經由股指期貨可以把投資組合風險控制在浮動範圍內；股指期貨保證了投資人可以把握入市時機，以準確實施其投資策略

股指期貨的特點

　　股指期貨與普通的商品期貨，除了在到期交割時有所不同外，基本上沒有什麼的區別，主要特點如圖 8-2 所示。

圖 8-2　股指期貨的特點

股指期貨與其他金融期貨、
商品期貨的共同特徵

股指期貨本身的
獨特特徵

合約標準化：期貨的合約除價格外，所有條款都是預先規定好的，具有標準化特點

股指期貨的標的物為特定的股票指數，報價單位以指數點計

交易集中化：期貨市場是一個高度組織化的市場，實行嚴格的管理制度，期貨交易在期貨交易所內集中完成

合約的價值以一定的貨幣乘數與股票指數報價的乘積來表示

對沖機制：期貨交易可以經由反向對沖操作結束履行合約

指數期貨的交割不經由股票，而是經由結算差價，用現金來結清部位

每日無負債結算制度：每日交易結束後，交易所根據當日結算價對每一個會員的保證金帳戶進行調整。如果價格向不利於投資人持有部位的方向變化，投資人就需追加保證金，如果保證金不足，投資人的部位就可能被強制平倉

股指期貨採用保證金交易。由於需交納的保證金數量，是根據所交易的指數期貨的市場價值來確定的，交易所會根據市場的價格變化，決定是否追加保證金或是可以提取超額部分

股指期貨與股票的區別

股指期貨和股票都是在交易所交易的產品，但兩者是不同的金融工具，有很大的區別，整理如表 8-1 所示。

此外，股票指數期貨還有很重要的優勢，如提供較方便的賣空交易、交易成本較低、擁有較高的槓杆比率、市場的流動性較高等。

表 8-1　股指期貨與股票的區別

區別	股票	股指期貨	備註
期限	股票是沒有期限的，只要上市公司不退市，投資人買入股票後就可以一直持有	股指期貨合約有到期日，合約到期後將會交割下市，同時上市交易新的合約，所以不能無限期地持有某一月的合約	交易股指期貨要注意合約到期日，臨近到期時，投資人必須決定是提前平倉了結，還是等待合約到期時進行現金交割
交易方式	股票交易需要支付股票價值的全部金額	股指期貨採用保證金交易，即在進行股指期貨交易時，投資人不需支付合約價值的全額資金，只需支付一定比例的資金作為履約保證	目前，由於股指期貨保證金交易提供了交易槓杆，其損失和收益的金額將可能會很大，這點和股票交易也不同
交易方向	目前我國股票交易，可以做多，也可以做空。可以先買後賣，也可以先賣後買，是雙向交易	股指期貨交易既可以做多，也可以賣空；既可以先買後賣，也可以先賣後買。因此，股指期貨交易是雙向交易	中大型股份允許融券交易，先賣後買
結算方式	股票交易採取全額交易，並不需要投資人追加資金，在股票賣出以前，不管是否盈利都不進行結算	股指期貨交易採用當日無負債結算，當日交易結束後，要對持倉部位進行結算	如果股指期貨的帳戶保證金餘額不足，必須在規定的時間內補足，否則可能會被強行平倉

> **專家心法**
>
> 　　據悉，在英國，對於一個初始保證金只有 2500 英鎊的期貨交易帳戶來說，它可以進行的金融時報 100 指數期貨的交易量，高達 7 萬英鎊，槓杆比率為 28：1。由於保證金交納的數量，是根據所交易的指數期貨的市場價值來確定的，交易所會根據市場的價格變化情況，決定是否追加保證金，或是否可以提取超額部分。

股指期貨與商品期貨的區別

　　股指期貨交易是期貨交易的一種，它與商品期貨在運作機制和風險管理上是有共同點的，如同樣採用保證金制度、具有槓杆放大效應、每日無負債結算等。股指期貨與商品期貨貌似相同，但也有很多的不同之處，如表 8-2 所示。

> **專家心法**
>
> 　　股指期貨的推出，將使股票市場交易格局發生極大的變化，將加劇市場機構博弈的特徵。隨著國家對私募基金的逐步認可和政策放開，私募基金帳戶理財方案，也必將成為股指期貨市場的主流。

股指期貨的交易流程

　　投資人在進行股指期貨交易前，必須要對交易的每個環節有個清楚的了解和認識，以避免因不熟悉規則造成的風險。股指期貨的完整交易流程，可分為開戶、交易、結算和交割 4 個步驟，如圖 8-3 所示。

表 8-2　股指期貨與商品期貨的區別

區別	股指期貨	商品期貨
標的指數	股指期貨的標的物為特定的股價指數，不是真實的標的資產	商品期貨交易的物件是具有實物形態的商品
交割方式	股指期貨採用現金交割，在交割日經由結算差價用現金來結清部位	商品期貨採用實物交割，在交割日經由實物所有權的轉讓進行清算
參與交割	股指期貨以現金進行交割	商品期貨不允許個人投資人持有合約進入交割期
合約到期日標準	股指期貨合約到期日都是標準化的	商品期貨合約的到期日，會根據商品特性的不同而不同
持有成本	股指期貨的持有成本，不存在實物貯存費用，有時所持有的股票還有股利，還會產生持有收益	商品期貨的持有成本包括貯存成本、運輸成本、融資成本。股指期貨的持有成本低於商品期貨
趨勢判斷	股指期貨需要對國內國際金融領域有一個宏觀的判斷	商品期貨只需對交易的商品品項進行研讀
投機性能	股指期貨對外部因素的反應比商品期貨更敏感，價格的波動更為頻繁和劇烈，因而股指期貨比商品期貨具有更強的投機性	

圖 8-3　股指期貨的交易流程

步驟一
開戶

(1) **尋找合適的期貨公司**：投資人可以找證券公司，或者直接找具有金融期貨經紀業務許可證的期貨公司

(2) **填寫開戶資料**：投資人應仔細閱讀「期貨交易風險說明書」，選擇交易方式並約定特殊事項，進而簽署期貨經紀合同，並申請交易編碼和確認資金帳戶

(3) **資金入帳**：由銀行存入保證金，經確認後即可進行期貨交易

步驟二
交易

(1) **交易指令**：按照價格優先、時間優先的原則進行電腦集中競價，有市價、限價和取消 3 種指令

(2) **交易方式**：期貨具有多頭和空頭兩種部位，交易上可以開倉和平倉

(3) **交易合約期限**：股指期貨合約在半年之內有 4 個合約，即當月合約、後一個月的合約與隨後的兩個季度月合約。隨著每個月的交割以後，進行一次合約的滾動推進

步驟三
結算

因為期貨交易是按照保證金進行交易的，所以需要對投資人每天的資產進行無負債結算。在期貨交易帳戶計算中，盈虧計算、權益計算、保證金計算以及資金餘額，是 4 項最基本的內容

步驟四
交割

就是根據投資人持有的期貨合約的「價格」，與當前現貨市場的實際「價格」之間的價差，進行多退少補，相當於把持倉合約，以交割那天的「現貨價格」平倉，這個「現貨價格」就是交割結算價

專家心法

　　綜合來看，股指期貨主要為投資人帶來 3 種交易模式：投機、套期保值和套利。這 3 種模式的主要參與群體不盡相同，一般而言，直接買賣股指期貨進行投機交易者，主要是一些風險承受能力強、追求高風險高收益的個人投資人及部分私募基金，他們也是市場上的活躍分子；而利用套保和套利交易者，則多為機構投資人。

股指期貨的投資要點

　　股指期貨作為一種新型的投資工具，受到了很多投資人的關注。如圖 8-4 所示，列舉了股指期貨獨特的投資要點。

　　一般情況下，投資人從事期貨交易動用的資金，不宜超過總資金的三分之一，即便很有把握，最好也不要超過總資金的一半。

　　在計算股指期貨交易所需要的資金量時，除了要考慮期貨公司所要求的最低保證金之外，還要留有一塊暫時不用的資金，以滿足可能出現的追加保證金的要求。

　　因此，考慮到股指期貨的風險特徵，和投資人承受能力等方面的因素，建議可動用資金不足 50 萬的個人投資人，最好不要參與股指期貨的交易。

專家心法

　　通常，股票行情判斷方法可以分為「技術分析」和「基本面分析」。其中，股票技術分析，對未來的股指期貨仍然是適用的，但是基本面分析就有所局限。股指期貨的基本面分析當中，還要考慮國際市場等因素。總的來說，投資人從股票進入到股指期貨市場，需要轉變的不只是投資理念，還有思維方式。

圖 8-4　股指期貨的投資要點

合約乘數 ▶ 合約乘數的意思是：一個點的股票指數應該值多少錢。以滬深300指數期貨合約為例：其合約乘數初步設定為300，則一個點的滬深300指數數值，就相當於300元；若滬深300指數的點位為1000點，則一張滬深300指術合約的價值為：1000×300元＝30萬元

保證金交易 ▶ 指股期貨如同一般的商品期貨，是用保證金交易的。例如，若滬深300指數期貨合約的保證金為10%，也就是理論上買一份滬深300指數期貨合約，只需要支付30萬元×10%＝3萬元

合約成交量 ▶ 指股期貨合約的本質上，是買賣雙方對指數點位的一種對賭合約。只要存在一對買賣雙方，就能產生一張成交的合約。投資人即便沒有股指期貨的合約持倉，都可以賣出一張股指期貨的合約。只要有投資人願意買，那就會產生一張成交量

未平倉合約數 ▶ 未平倉合約數是指，買方或賣方的單邊持倉合約的總量，也就是市場上的存續合約總數

8-2

創新板新手必備知識

　　創新板是地位次於主板市場的二板證券市場，以 NASDAQ 市場為代表。創新板在上市門檻、監管制度、訊息披露、交易者條件、投資風險等方面，和主板市場有較大區別，其目的主要是扶持高成長性的中小企業。以下就台灣創新板的狀況作介紹，供台灣讀者參考。

「創新板」的特點

　　創新板又稱二板市場，即第二股票交易市場，是專為主板之外暫時無法上市的中小企業和新興公司，提供融資途徑和成長空間的證券交易市場。

　　與主板市場只接納成熟的、已形成足夠規模的企業上市不同，創新板以成長型創業企業為服務物件，重點支援具有自主創新能力的企業上市，具有上市門檻較低、訊息披露監管嚴格等特點，它的風險要高於主板。

投資人門檻是什麼？

　　根據台灣《財經新報》資料，創新板的投資人，包含專業機構投資人、創投與自然人三大類，其中一類為專業機構投資人、高淨值投資法人、信託業，以及總資產超過 5 千萬元，而且具備充分專業知識及交易

經驗的法人或基金。

自然人則需要有 2 年的證券交易經驗，還必須擁有淨資產達 1 千萬元以上，或是近 2 年平均收入在 150 萬元以上，而非一般投資人，目的就是希望能為創新板帶來資本市場活水，但相對上，流通性則成為最大的挑戰。

「創新板」涵蓋哪些產業？

「創新板」申請公司須符合政府產業發展策略，擁有關鍵核心技術，及創新能力（例如物聯網、人工智慧、大數據等新技術之應用）或創新經營模式。

資格為證券承銷商上市輔導屆滿 6 個月；或發行公司登錄興櫃達 6 個月以上，且符合下列上市標準之一：

第一類	● 市值：不低於15億 ● 最近一個會計年度營業收入不低於1.5億 ● 有足供掛牌後12個月之營運資金
第二類 （限生技醫療業）	● 市值：不低於30億 ● 有不低於掛牌後12個月營運資金之125% ● 新藥公司核心產品通過第一階段臨床試驗
第三類	● 市值：不低於40億 ● 有不低於掛牌後12個月營運資金之125%

資料來源：兆豐證券

創新板投資技巧

「要投資，先學知」、「投資知多點，理財更輕鬆」，這些是廣大投資人應牢記的投資法寶。入市前，投資人應學習相關證券知識。創新板在全世界任何國家，都是一個高風險的市場，作為新入市的投資人，比的不是膽量，而是眼光和投資技巧，如圖 8-5 所示。

圖 8-5　創新板投資技巧

關注整體本益比	本益比指標必須與股票的風險水準相結合，才能作出合理的投資價值評判。創新板股價的合理定位應高於主板市場和中小企業板，如果平均本益比接近主板與中小板，就有明顯投資價值
分析行業特徵	投資創新板不僅要分析行業屬性優劣，更重要的是公司高科技含金量，並以業績、行業獨特性和未來發展的穩定增長為依據。行業的經濟結構不同、變動規律不同，所處生命週期階段不同、其盈利水準的高低、經營的穩定狀況也不同，這是進行行業分析時要著重考慮的因素
著重創新板成長性	成長的想像力上升空間，歷來是市場炒作的預期，剛上市可做短線，採取波段操作。若做中長期投資，則要從估值角度去衡量
把握市場進出時段	對散戶來說，時機的選擇是非常重要的。在目前制度與法律還不能完全制約內線交易的情況下，應防止大股東利用散戶資訊不對稱的劣勢，採用高位套現，散戶要設置停損與停利點，控制倉位及收益
預防投資風險	投資創新板的難度較大，它本身高風險、高成長背後的潛台詞就是「冒風險」，散戶投資創新板，一定要學會要穩中取勝

第 **9** 章

要注意！投資股票
常見的風險和陷阱

9-1

首先，你得懂得股市風險 4 大類

　　俗話說：「股市有風險，入市需謹慎。」人人都知道股市是一個高風險的地方。了解風險與陷阱，並掌握如何防範，對投資人有很大的幫助。

　　我們常說的股市風險，通常是指投資人進入股票市場後，在買賣操作中所面臨的不能盈利，甚至無法收回成本的危險。也就是投資人以一定價格買入某檔股票後，股票價格大跌，結果不能以高於買入時的價格將股票賣出，發生套牢現象。那麼股市風險有哪些？如何認知和防範呢？

什麼是股市風險？

　　風險，是指遭受損失或損害的可能性。從風險的定義來看，股票投資風險主要有兩種：一種是投資人的收益和本金的可能性損失；另一種是投資人的收益和本金購買力的可能性損失。

　　股票投資風險具有明顯的兩重性，即它的存在是客觀的、絕對的，又是主觀的、相對的；它既是不可完全避免的，又是可以控制的。投資人對股票風險的控制，就是針對風險的兩重性，運用一系列投資策略和技術手段，把承受風險的成本降到最低限度。

股市風險的種類

俗話說「成也股票，敗也股票」，直接反映了股票高風險和高收益的特色。為了盡最大可能地規避風險並獲得利潤，投資人需要了解各種常見的股市風險，如圖 9-1 所示。

圖 9-1　股市風險的種類

不可分散風險 ➡ 指發生原因跟上市公司無關的市場風險，一般會導致股市上所有股票價格的下跌，影響層面較大

可分散風險 ➡ 可分散風險是與整個股票市場波動無關的風險，一般只會造成個別股票價格下跌，從而給該股票持有人帶來損失的風險

客觀風險 ➡ 客觀風險的內容比較複雜，包括不可分散風險和可分散風險。此外，傳言也是客觀風險

主觀風險 ➡ 主觀風險主要源於投資人對於股市的認識和心理上的誤區。很多股市新手具有只在牛市購買股票、只買便宜的股票、過分依賴技術分析、不設停損點和停利點等主觀風險

專家心法

人們常說：在股市上，凡夫俗子的直覺有時會勝過行家的理論。亞當理論的創立者韋爾德，熱衷研究了多年技術分析之後，最終把自己的研究成果全盤否定，就是因為他認為在股市中趨勢是不可能被預測的，所有的分析工具都有不可避免的缺陷，任何分析工具都不可能絕對準確地預測股市的走向。

技術分析裡面所有的數據、圖表只代表過去，是對過去訊息的反映，對於未來的預測只是有一定概率的可能，而相對於變幻莫測的股市，沒有什麼是不可能發生的。對於技術分析，投資人要辯證地看待，將技術分析結果與實際走勢相結合，順勢而為，盡可能地避免風險。

如何防範股市風險

風險與陷阱的存在是無法改變的，但是投資人可以應用相關經驗和知識，盡可能地避免風險與防範陷阱。

1. 掌握證券專業知識

新入市的投資人在進行股票交易之前，必須做到以下兩點，才能規避風險，並從投資中得到收益。

(1) 對股票知識有詳盡地認知，才能了解其風險與陷阱所在。

(2) 根據一定的專業知識，進行分析和避免這些風險和陷阱。

2. 避免股市操作誤區

儘管許多投資人在入市後謹慎再謹慎，卻還是有不少資產隨著指數起落而如流水般失去。這主要是因為很多投資人在實戰操作中，都存在著或大或小的誤區，下面來看看常見誤區有哪些。

(1) **沒有停損概念**：停損和停利的設定是非常重要的，很多投資人總是幻想在最低點買進、在最高點賣出，但認識不清股場如戰場，當破位時一定要停損。

(2) **只買便宜的股票**：股價的低價格只是相較於前期而言，如果上檔套牢盤過重，股票上升動能不足以衝過阻力區，股價也很難上漲，盲目地只根據價格便宜而購買這類股票，會給投資人帶來很大的損失。

(3) **喜歡預測大盤**：很多投資人喜歡經由技術分析「預測」股票價格。其實，對於技術分析，投資人要辯證地看待，將技術分析結果與實際走勢相結合，順勢而為，盡可能地避免風險。

(4) **被套時，等解套後再賣**：從技術上來說，等待深套的股票解套是不可取的，投資人不能被動地等待結果，積極採取措施才是正道。

(5) **追蹤購買熱門股票**：熱門股票通常在上漲前後 15 分鐘的短時間

內就得購買，當一般投資人發現熱門股票時，往往已經錯過最好的購入時機。

3. 分析環境，把握時機

俗話說「選股不如選時」，選擇好的投資時機，可以降低所選股票出現下跌的可能性，可以有效地規避系統風險。要把握住投資時機，投資人可以注意以下兩個細節。

(1) **政治變動：**政治因素很容易影響社會的穩定，如果政權更迭使社會帶來動盪，則股市會發生下跌。

(2) **物價上漲：**一般情況下，物價上漲後，一般與其相對應類型的股價隨之上漲；物價下跌，與其相對應的股價則下跌。

因此，投資人要適當地關心政治事件、通貨膨脹、物價變動等大環境，培養對國家大事和國際時事的熱情，了解國家政策實施和經濟發展的現狀及趨勢，對宏觀政治經濟變動給經濟形勢可能帶來的影響，訓練出敏銳的判斷力。

4. 選擇合適的投資方式

股市畢竟是一個高風險的地方，即使採取再多的技巧、學習再多的理論，也不可避免地會遭遇風險。選擇合適的投資方式，能夠有效地避免股市中的各種風險。

(1) **採用多樣化的投資方式：**對不同的股票根據其特點，使用不同的投資方式，經由多樣化的投資方式，可以達到分散風險的目的。投資人不能只採取單一的投資方式，還要長線、中線和短線多種投資方式相結合。

(2) **分散投資，並留夠備用資金：**分散投資的目的是分散風險、減少風險、迴避風險，其方法是將不同證券做出投資組合。當然，風險也不是越分散越好，而是應適可而止。本金不多的散戶應相對集中，如此才能降低相對成本，形成規模效益。

5. 制定合理的投資方案

實際上，很多投資人在買入股票時，通常是亂買一通，雖然在自己的帳戶裡買了多種不同的股票，但結果往往是購買了一大把虧損的股票。由於每個投資人的年齡、職業、收入以及經濟狀況等因素不同，因此應該要有自己獨特的投資方案。

(1) 根據自己的投資能力選擇投資策略。

(2) 根據自身的財力決定投資規模。

(3) 根據可使用時間和資金確定投資週期。

(4) 根據自己對風險的承受力決定投資方向、選擇投資對象。

(5) 根據投資人的需求制定投資方案。

6. 警惕不良諮詢機構

大部分投資人都是賠錢的，但諮詢公司卻能大把大把的鈔票輕鬆賺入，其中玄機外人難窺其徑。

多數股票諮詢機構，都遵循著「不炒股票炒投資人」的運營方式。因此，在此提醒投資人，炒股還是要相信自己，不能輕易相信任何小道消息！

7. 網路炒股注意安全

隨著網路發展和電腦的普及，上網的人越來越多，線上股票交易也逐漸成為一種趨勢。線上交易的優點很多，操作也很簡單，且不受地域限制，但是在進行網路交易時，也需要注意其安全性。

(1) **保護交易密碼**：經常更改密碼，確保密碼不被他人得知。另外，在利用網路進行交易時，不要輕易下載來路不明的軟體，以免給電腦駭客提供可乘之機。

(2) **操作過程須謹慎**：當網路交易出現故障時，可以經由電話詢問行情或者下達交易指令，避免操作不及時引起的不必要損失。

(3) **全面退出交易系統**：在完成交易後，要正確地退出帳戶，並關閉交易系統。

9-2
教你用 4 張圖解，看穿財報、作手、法人……各種陷阱

　　陷阱與風險的不同之處，在於陷阱是運用不正當的手段人為製造，目的是故意引誘投資人進入，從中謀取利益。本節將介紹股市中常見的陷阱。

虛假交易

　　虛假交易是操縱市場的行為之一，有以下 4 種形式。

(1) **假裝買賣：**包括空報價格，不進行實際成交，自己既為買方又為賣方；或事先約定由甲賣給乙，事後乙再以原價返還，但不轉移證券所有權。

(2) **通謀買賣：**即甲、乙雙方以約定的價格一買一賣，反覆炒作抬高股價，再以高價賣出獲利。

(3) **假裝買賣和通謀買賣的委託或受託：**利用委託方和受託方進行假裝買賣和通謀買賣，來控制股價。

(4) **虛假造勢：**對某種有價證券連續反覆買進或賣出，以顯示該種股票交易的活躍，造成聲勢誘使他人上當。

股評陷阱

　　股評陷阱指有一部分股評人士利慾薰心，為了達到某種目的，刻意

錯誤引導投資人。因此，投資人在聽取時也要小心謹慎，不能完全相信，並時刻注意自己才是做決斷的人，股評人士只是提供了參考意見，不會為投資人的損失承擔責任。

股評是股票行業中較為資深的人士，對股票進行的一種分析活動，其遍佈電視、雜誌、報紙以及各類財經媒體。

由於投資人並非都對股票有研究，而股票的知識和需要分析的資料很多，所以由專業人士做的股評，是很多投資人買賣股票的指引。對此，投資人應注意以下內容。

⑴ 由於股評專家在投資人中有一定的影響力，所以主力和上市公司，會設法與一些所謂的「專家」合作，經由其股評設置騙局，引誘投資人按照其想法操作，最後達到非法贏利的目的。這類股評消息的危害是最大的，投資人對於股評消息，一定要謹慎，堅持獨立思考。

⑵ 影響股市行情的因素複雜多變，股市本身的風險不可預測。因此任何股評專家對於股市的預測，只是建立在某種理論分析上的可能性，並不能準確地預測股市走向，也不可避免會出現錯誤判斷，而錯誤的判斷被投資人採用後，將造成嚴重的損失。

專家心法

投資人應審慎客觀地對待書籍中的觀念、媒體上的股評，不盲從、不迷信專家名言、不人云亦云，學會使用逆向思維。畢竟在股市中大多數人總是錯的，掌握真理、能賺到錢的，永遠只是少數人。

騙線陷阱

　　大戶利用投資人迷信技術分析數據、圖表的心理，故意抬拉、打壓股價，致使技術圖表形成一定線型，引誘投資人大量買進或賣出。這種欺騙行為造成的技術圖表線型，稱之為「騙線」。

　　主力在出貨過程中，為了使其撤退過程更為順利，常常使用各種手段來吸引跟風盤，以便於自己全身而退。下面是主力出貨時常用的騙線手法。

(1) 假突破騙線： 主力在圖形上製造整理形態的向上突破，甚至還有價升量增的假像，但這種突破卻是假突破，尤其在相對頂部階段，其目的是吸引投資人跟進，如圖 9-2 所示。

　　通常這種強勢並不能持續多久，幾日後往往會出現衝高回落的走勢，並同時放出巨大的成交量，這就意味著跳水動作的開始。如果投資人碰到這種情況，應判斷為假突破，宜及時離場。

圖 9-2　假突破騙線

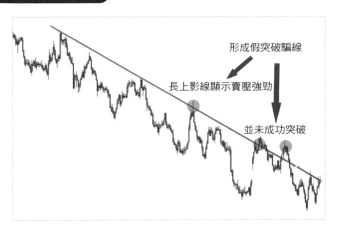

形成假突破騙線

長上影線顯示賣壓強勁

並未成功突破

(2) **收盤價騙線**：收盤價是指，某檔股票在證券交易所一天交易活動結束前，最後一筆交易的成交價格。

　　例如，散戶看到某檔股票某天一直是低開低走的，但到尾盤時突然高漲，使得K線圖看上去非常有吸引力，藉以吸引跟風盤。這通常是主力以小利來迷惑短線客，自己則趁機在振盪中出逃。

(3) **拉尾盤騙線**：有些主力在整個交易日內都沒有什麼動作，卻往往在鄰近收盤的幾分鐘內，以連續數筆大單將股價迅速推高，我們稱這種拉升為「揠苗助長式」的拉抬。

　　一般來說，若連續好幾日都出現這樣的拉抬，其目的是做收盤價，從而在日線圖上製造出完美的技術圖形。

　　多數投資人主要經由K線和其他技術分析指標，來分析判斷股票的買賣時機。因此，很多股市操縱者就經由對股價和成交量的操縱，使技術分析圖中呈現出一些虛假的買賣時機形態。騙線的產生就足以告誡投資人，一定不要過分依賴技術分析指標，否則很容易上當受騙。

▎專家心法▏

　　總之，在股市中是技術圖形跟隨股價的變化而變化，不是股價隨著技術圖形的變化而變化。所有的技術圖形只能用來參考，決策的時候還要將技術分析與基本面分析、股市大形勢結合起來，絕對不能單純依賴技術分析。

老鼠倉

老鼠倉（Rat Trading）是一種無良經紀人對客戶不忠的「食價」做法，如圖 9-3 所示。指主力在用公有資金拉升股價之前，先用自己個人的資金在低位建倉，待用公有資金拉升到高位後，個人倉位率先賣出獲利。

圖 9-3　老鼠倉常用手法

1. 利用未公開消息悄悄建倉
2. 提前低價買入
3. 高價賣出獲取利潤

無良經紀人

老鼠倉

操盤本來是為了賺錢盈利的，但券商操盤很少有真正賺錢的，原因就在於券商把股票拉升後，大量底部埋藏的老鼠倉蜂擁出貨，券商又在高位接盤。這樣的結果就是券商虧損累累，老鼠倉賺得缽滿盆滿，這便是當今券商被掏空的主要形式。

「老鼠倉」的 K 線形態，一般出現在股價即將拉升之際，而且，在這種 K 線形成後的一段時間裡，股價會表現出良好走勢。

圖 9-4 為老鼠倉出現的背景、時機和表垷形式，可作為投資人辨別老鼠倉的方法。

圖9-4 辨別老鼠倉的方法

出現背景 ➡ 該上市公司並沒有遭遇特別大的實質性利空，股價走勢大多處於低位徘徊或溫和上漲中，盤中的瞬間暴跌沒有任何預兆。瞬間暴跌結束後股價迅速恢復原有走勢，暴跌不會產生絲毫負面影響

形成時機 ➡ 以全天最低價和全天均價（個股成交額÷個股成交量）相比，當最低價低於全天均價10%以上時，基本可以確認老鼠倉的Ｋ線基本形態成立

表現形式 ➡ 老鼠倉Ｋ線的表現形式主要有兩種：一種是長下影線，另一種是大幅跳低開盤形成的長陽線

內線交易

內線交易指在公司公開內部消息之前，經由不正當手段獲取公司對股價有影響的內部消息，並利用這些消息進行股票交易的行為，或者是洩露內幕資訊，向他人提出買賣股票建議的行為。

內線交易的實質，是利用不公平競爭手段達到獲利的目的，違反了證券市場「公開、公平、公正」的原則，也違反了相關法規。

內幕消息在客觀上，有以下幾種情形：一為內部人員利用內部消息買賣證券，或者根據內部消息建議他人買賣證券。二是內部人員向他人洩露內部資訊，使他人利用該資訊進行內幕交易。三為非內部人員，經由不正當手段，或者其他途徑獲得內部消息，並根據該資訊買賣後建議他人買賣股票。

內部消息主要包括以下內容。

- 證券發行人訂立了可能產生顯著影響的重要合約。
- 持有發行人 5% 以上的發行在外的普通股的股東，其持有該股票的增減變化，達到該股票對外發行總額的 2% 以上的事實。

- 可能對證券市場價格有顯著影響的國家政策變化。
- 發行人未能償還到期重大債務等違約情況。
- 發行人生產經營環境發生重大變化。
- 發行人分紅派息、增資擴股計畫。
- 發行人進入破產、清算狀態。
- 發行人發生重大債務。
- 發行人經營政策或者經營範圍發生重大變化。
- 發行人發生重大的投資行為或購置金額較大的長期資產等行為。
- 發行人發生重大經營性或非經營性虧損。
- 發行人的收購或兼併、分立等。
- 發行人資產遭受重大損失。
- 發行人的董事長、30% 以上的董事或者總經理發生變動。
- 涉及發行人的重大訴訟事項。

空頭陷阱

　　指股價在低位區域突然出現向下突破的假象，比如突破長期均線等的支撐，並伴隨著各種利空消息。由於擔心市場再次大跌，許多投資人在恐慌中賣出手中的股票，但是，緊接著市場沒有下跌反而上漲，一波牛市行情重新開始。

　　隨著股價上漲，成交也不斷放大，股價突破重要的阻力線，這時可以將前面出現的向下突破的走勢，看作引誘空頭做空（誘空）的陷阱，也就是空頭陷阱。

　　而在低點清倉或者不敢補倉的投資人，就成了空頭陷阱的受騙者。判別空頭陷阱可以從以下幾個方面判斷，如圖 9-5 所示。

圖 9-5　識別空頭陷阱的方法

宏觀基本面
- 需要瞭解從根本上影響大盤的政治面因素和宏觀基本面因素，分析是否有實質性利空。
- 如果政策背景沒有特別的實質性做空因素，或者是利空已基本出盡，由於市場跌幅過大，政策面已不斷吹暖風，股價卻繼續暴跌，比較容易形成空頭陷阱

市場心理方面
由於股市長時間的下跌，會在市場中形成沉重的套牢盤，人氣不斷消耗，但往往是在市場人氣低迷的時刻，股市反而能脫離真正的底部

技術形態
空頭陷阱在 K 線走勢上的特徵，往往是連續幾根長陰線暴跌，貫穿各種強支撐位，有時甚至伴隨向下跳空缺口，引發市場連鎖恐慌情緒

成交量
空頭陷阱隨著股價的持續下跌，量能始終處於不規則萎縮中，有時盤面上甚至會出現無量暴跌現象，個股成交也十分不活躍，給投資人營造下跌走勢遠無期限的氣氛，而此時主力往往可以輕鬆逢低建倉

NOTE

NOTE

NOTE

國家圖書館出版品預行編目（CIP）資料

股市神級作手教你 最保本的K線炒股：跟他學，短短5年賺一億！／馬濤著. -- 新北市：大樂文化有限公司，2022.01　面；17×23公分
ISBN 978-986-5564-73-5（平裝）
1.股票投資　2.投資技術　3.投資分析

563.53　　　　　　　　　　　　　　　　　　　　　　　　　110021787

MONEY 051

股市神級作手教你 最保本的K線炒股

跟他學，短短5年賺一億！

作　　　者／馬濤
封面設計／蕭壽佳
內頁排版／江慧雯
責任編輯／林育如
主　　　編／皮海屏
發行專員／鄭羽希
財務經理／陳碧蘭
發行經理／高世權、呂和儒
總編輯、總經理／蔡連壽
出 版 者／大樂文化有限公司（優渥誌）
　　　　　　地址：220新北市板橋區文化路一段268號18樓之一
　　　　　　電話：（02）2258-3656
　　　　　　傳真：（02）2258-3660
詢問購書相關資訊請洽：2258-3656
郵政劃撥帳號／50211045　戶名／大樂文化有限公司

香港發行／豐達出版發行有限公司
地址：香港柴灣永泰道70號柴灣工業城2期1805室
電話：852-2172 6513　傳真：852-2172 4355

法律顧問／第一國際法律事務所余淑杏律師
印　　　刷／韋懋實業有限公司

出版日期／2022年1月24日
定　　　價／320元（缺頁或損毀的書，請寄回更換）
Ｉ Ｓ Ｂ Ｎ　978-986-5564-73-5

優渥叢書